年収1億円のパスポート

特別付録

STEP 1

詳しくはP126、P169

今の「欲望」を書き込もう

例 高級車に乗りたい、世界を旅したい

イラストでもOK!

STEP 2

「年収1億円を達成したらやりたいこと」を書き込もう

切りとり線

切りとり線

永久保存版!

お金持ちの神ルール20

切り取って持ち歩いたり、見えるところに飾ろう

詳しくは終章(215ページ〜)

1 行動し続けるバカになれ

2 行動を止めた瞬間に老い始める

3 成功者のまるパクリからスタートしていい

4 経営者のインタビューを攻略本にする

5 実践的なスキルは動画で学ぶ

6 限りある時間を使い倒す

7 自分のために使う時間は「白紙」にする

8 未来と過去に執着しない

9 若いうちに「学びの重要性」を知る

10 「問題のある人生」をみずから選ぶ

11 「うさぎ」ではなく「かめ」のペースで進む

12 「成功は時間差で来る」ことを知っている

13 ビジネスでも投資でも致命傷を負ってはいけない

14 周囲の情報に耳を傾ける

15 セミナーや交流会で楽しもうとしない

16 「偶然の出会い」を必然に変える

17 支出が収入を上回らないようにする

18 お金の勉強をやめない

19 働きながら、投資もする

20 勤労を「1億円の切符」と考える

年収1億円になる人は、「これ」しかやらない

MBA保有の経営者が教える科学的に正しい「成功の法則」

上岡正明
Kamioka Masaaki

PHP

年収1億円になる人と、
年収2000万円で頭打ちになる人には、
「明確な違い」があります。

「1億円を手に入れる」と
本気で思っている人だけが、
年収1億円を手にすることができます。

「まぁ、年収2000万円くらいまでいけば上出来だな」と思っているような人は、

年収2000万円にすら届かないこともあります。

まずは、強く強く願う。

自分の欲望に

とことん正直になっていいのです。

「誰かのために」を考えるのは、二の次です。

さて、あなたは

どんな「欲望」を持っていますか？

はじめに

目の前のことから逃げていた「落ちこぼれ」が、億を超える成功者になった理由《ワケ》

「何の取り柄《え》も、才能もない私が、年収1億円なんて手にできるわけがない」

本書のタイトルを見て、そう思ったそこのあなた。

大きな誤解をしています。

人の成功は能力によって決まるのではありません。親や環境も関係ありません。

「行動」の差によって決まります。そして、その行動を続けた人から一歩抜きんでた成

功や富を手にします。

つまり、人の成功は「アウトプット」によってもたらされるというわけです。

私は会社の経営者として、社員を能力だけで評価しません。業績やノルマ達成を評価の対象とする成果主義の会社が今では一般的ですが、私を含め成功を手にしてきた経営者は違います。**失敗を含めて、行動をきちんと評価します。**

私の手帳の最初のページには、1つの信念が書かれています。

「可能性は無限大。行動を続けることで、今日より明日はもっと良くなる」

仕事でも起業でも、投資でさえも、お金を稼ごうとすれば、すべての結果には行動が伴います。

実際、今の私があるのは行動したからだと、断言できます。

私は生まれてすぐに母親を失いました。中学のときには家出を繰り返して、大学受験にも失敗。どこか冷めたような、努力を軽んじるようなタイプで、能力がない自分が「成功するなんて絶対に無理だ」と考えていました。

社会人になってからもそれは変わらず、努力を軽んじるような「落ちこぼれ」タイプ。時間にもルーズで、今思えば、気にかけていただいた恩師や他人に迷惑ばかりかけてきた人間だったと思います。

まさに、冒頭のセリフを毎日のように口にしているような人間だったのです。

しかし、みずから行動することで、多くの成功者に出会い、考えが180度変わりました。3社のグループ会社を経営するビジネスオーナーになり、中国、韓国、米国などの海外翻訳本を含む約20冊の書籍を出版。みるみるうちに億を超える資産が積み上がってきました。

当時の私を知っている恩人たちは、みな口をそろえてこう言います。

「あのルーズで、何事も中途半端だったおまえが、いったいどうして？」と。

実際、年収1億円を稼ぐ成功者や、いくつもの会社を経営するビジネスオーナーには、貧しい家庭の出であったり、学歴がなく、そのギャップやハンデを乗り越えてきた人が大勢いました。

一方、一流の大学を出て、スキルに秀でた人でも、能力を発揮できずにくすぶっている人もいます。

では、その差はいったいどこにあるのか。

その本質を調べようと、私は会社を経営しながら、大学院で情報学を学びました。神経脳科学を専門として、学会等で研究を行ないながら、その答えを探し続けました。

脳と成功の法則について色々と調べた結果、わかったことがあります。

すべては「**行動**」にあると。具体的には、行動するために必要な「知識と習慣」、みずからを行動に向かわせる「仕組み」が何よりも大事だということです。

「インプット地獄」では、日常は変わらない

私は経営者や著者として活動すると同時に、投資家としても多くの資産を手にしました。さらに、今では登録者20万人を超えるチャンネルのユーチューバーでもあります。

そのユニークな肩書きから、海外メディアやテレビにも取材され、ありがたいことに数多くの経営者や実業家、スポーツ選手、芸能人にもお会いしてきました。

そうした「成功者」に共通点があることがわかりました。

凄まじいまでの行動力です。

持って生まれた能力だけが、その人の成功を決めるのではない。

能力以上に人生を決めるのは、やっぱり「行動」なのです。

「そんなの当たり前じゃないのか」と思うかもしれません。

では、聞きます。

これまでの人生を振り返って、あなたは行動してきたと胸を張って言えますか？

もしかしたら、**あなたは行動した気になっているだけではないでしょうか。**

たとえば、どんなにインプットして、知識やノウハウが豊富にあっても、アウトプットを軽視している人は、いずれ失速して成長も止まってしまいます。

行動しなければ、インプットが正しいか、自分に合っているか検証もできません。それはつまり、インプットだけして、変化の流れをダムのように、みずから堰《せ》き止めているに過ぎません。

そのような「インプット地獄」に陥って行動した気になっている人があまりに多いです。

それは、はっきり言って、時間の無駄です。

世の中には、「行動力を高めたい」「継続できない自分を変えたい」という人に向けた本が無数にあります。そこにはすぐにやる気になる方法や、習慣化のためのメソッドが網羅されています。

しかし、それだけではいけません。圧倒的に何かが足りないのです。

正直に言いましょう。**これまで行動できなかった人が日常を変えたり、無気力な若者がやる気になるには、もっと根底から覆すエネルギーが必要です。**

私の場合、そのきっかけを与えてくれたのは1冊の本でした。

人に迷惑ばかりかけていた20代の頃、『カリスマ体育教師の常勝教育』（日経ＢＰ）との出合いが私を変えました。

大阪の荒れた中学校に赴任した原田隆史《たかし》先生は、生まれた家庭環境に関係なく、行動と習慣の力で心のすさんだ大勢の生徒たちを更生できると明言しました。

そして、陸上部を指導しインターハイに7年連続出場、7年間で日本一13回の偉業を成し遂げています。

まさに、スポーツを通じて子供たちを成長に導く。原田先生は、若者たちの人生そのものを激変させたのです。

最近は「親ガチャ」などのキーワードがトレンドになっています。

たしかに、私も含めて子供たちは家庭環境を選べません。運の要素も非常に大きいのは確かです。

しかし、私はそれで人生が100%決まってしまうとは、とうてい思えません。

冒頭で話した通り、可能性は無限大。それは子供であろうと大人であろうと関係ないのです。

原田先生も、「本気で教育すれば、どんな子供でも必ず変われる」と言っています。

そのためにも、行動しないと始まらないのです。

行動力は自分の武器にはなりえますが、目的ではありません。

行動した先に得たいものを見つけることこそ、年収1億円を達成するための近道、お金持ちになる「最短ルート」なのです。

最速で1億円プレイヤーになる方法

このようなことを含め、年収1億円を手にしてきた成功者に共通する原理原則から、行動パターンや思考ルールを体系化したのが本書です。

そのために、100冊以上の関連本も研究しました。

年収1億円を超える成功者1000人に会い、そのルールを聞き出しました。

さらに、20万人を超えるYouTubeチャンネル登録者にアンケートを取り、「成功できない理由」を探り、根本的な解決を目指しました。

これまで私は、読書法をはじめとするインプットや勉強法に関する本を数多く執筆してきました。また、YouTubeでは投資について話すことが多いですが、本書では投資に関する話題はありません。

しかし、**本書で紹介するメソッドは仕事や勉強、投資のベースとなる思考と行動について述べたもので、どんな人にも当てはまり、再現が可能なものばかりです。**

本書を読めば、運までコントロールして成功するためのすべてが手に入ります。結果、あなたも最速で年収1億円を手にする、そのスタートラインに立てると確信しています。無限大だったあなたの可能性は瞬く間に解放され、必ず大きく飛躍することになるでしょう。

無限大の可能性という名の扉を開けるのは、あなた自身です。

その最初の一歩を、今から踏み出しましょう。

CONTENTS

第2章

お金持ちは、時間に好かれている!

―自由な時間を最大化する「5つの仕組み」

第3章

年収1億円プレイヤーは、いつもご機嫌!

——成功する人の「口ぐせ5選」

第4章 お金持ちは、何度倒れても立ち上がる！

——メンタルおばけになるための「限界突破法」

第5章 年収2000万円の壁を越えろ！

――どんな目標も確実にクリアできる「3つの方法」

第6章

お金持ちは、なぜ仕事が速いのか？

――すぐやる人になれる「7つの習慣」

第7章

お金持ちは、自分を疲弊させずに稼ぐプロ！

——最小努力でお金が増える「複利の法則」

終章 門外不出！「これ」だけインプット

——トップ1%のお金持ちが実践する「神ルール20」

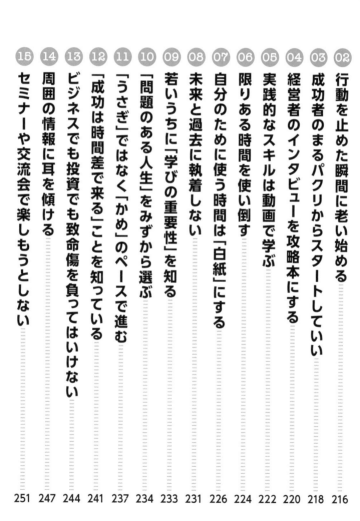

成功には黄金に輝くルールがある

私が考えた
「普通の人が最速で年収1億円を
手にするための公式」です。

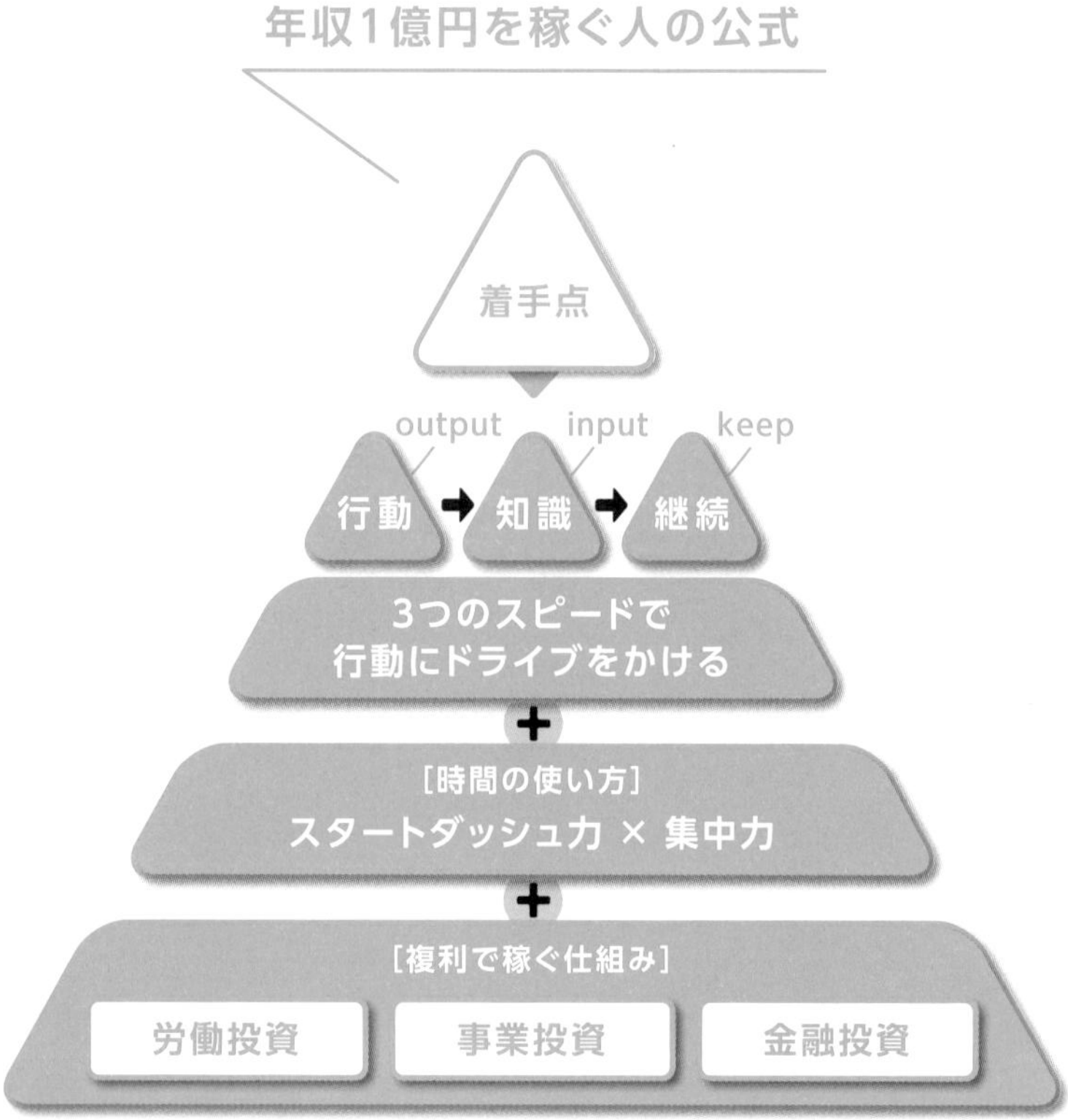

第1章

成功者をとことんマネるだけ！

——初動が速くなり、しかも継続できる「4つの鉄板ツール」

初動倍速ツール 01

小さな行動

──「最初の一歩」を踏み出さないと何も始まらない

最初に伝えたいことがあります。

大きな行動の前に、**「小さな行動」を大切にしてください。**

小さな行動を積み重ねれば経験や習慣が手に入り、成功に近づけるからです。

目標達成のためには、「最初の一歩」を確実に踏み出す必要があります。

インプットばかりして知識を蓄えても、それ以上にアウトプットの量を増やさなければ、人生を変えることはできません。

そのために、あなたの目標を細分化して、今日明日に、確実にできる行動レベルまで落とし込む必要があります。そして、設定した行動を習慣化するまで、ひたらす繰り返

すのです。

朝出社したら、すぐに仕事に取りかかる。
毎日一行でもいいから日報を出す。
目標を書いた手帳を繰り返し読む。
どんなことでもかまいません。

毎日続けることで、成果より先に自信が生まれます。正しい姿勢が生まれて、自分の実力を十分に発揮できるようになります。

私たちは億を稼ぐためには、つい、大きな行動をしなければならないと感じてしまいます。しかし、宝くじを当てたり、詐欺でもして大金を集めない限り、数日で大金持ちになることはできません。

真の成功は、「最初の一歩」を踏み出すことから始まるのです。

できないことではなく、できることを続ける

成功する力を強化するには、困難に打ち勝つのではなく、今できることを継続して強

くなります。

1976年モントリオールオリンピック金メダリストにラニー・バッシャムという人がいます。彼は、**自信とは試合前にすべてが決まっている**という名言を残しています。

自信は、試合に勝つことで生まれるものではない。試合に至るまでのプロセスのすべてが、自信に変わっていくものなのです。

あなたには、毎日継続していることはありますか？　何でもかまいません。できることから始めてみてください。

何も浮かばない人は、まず「前向きな言葉」から始めてもいいかもしれません。

私が知る限り、年収1億円稼ぐ人で暗くネガティブな言葉を使っている人はいませんから。

年収1億円へのステップ①

前向きな言葉を使う

初動倍速ツール 02

思考停止ムーブ

――セミナーに行く時間があれば「動け」

「ビジネス書を読んだりセミナーに参加しても、翌日にはすぐにモチベーションが下がってしまう。どうにかしてほしい」

そんな悩みを持つ人は多いでしょう。

気持ちもよく理解できます。

ビジネス書をたくさん執筆してきた自分が言うのもおかしいですが、そもそも本やセミナーでやる気がみなぎり、お金持ちになれるのであれば、世の中、成功者であふれてしまいます。

それはそれで素晴らしい世界なのですが、現実的ではありません。

知識を得ても、使わなければ意味がありません。

知識はなくても駄目ですが、持っているだけでも、人生に革命は起こりません。

では、成功する人になるコツは何かというと、**正しい姿勢によって継続された「行動」**にあると私は考えます。その人の行動を変えてあげれば、あとは勝手にやる気になります。


さらに年収1億円を手にするような成功者の特徴の1つに、必ず挙げられるのが**「着手までの速さ」**です。


YouTubeで話し方の動画を見たら、その日のプレゼンで使ってみる。

上司から薦められた本を、帰りがけに読む。

朝起きて、すぐに本を読む。

といったことです。


どんなことでも、**まずは思考停止でやってみる。やってみてから考える。**

そのぐらいの気持ちでいれば、初動を爆発的に速めることができます。

行動からしか、成功も失敗もありません。

一度、損得考えず、頭に浮かんだことをやってみてください。失敗したっていいのです。

失敗は、次の成功の源泉になります。目標を決めたら、できれば今日この瞬間から行動してみることをお勧めします。

年収1億円へのステップ❷

この本を閉じて、頭に浮かんだことを実行する

初動倍速ツール 03

着手点スピードサイクル・メソッド

——質より量を優先して成長を加速

仕事においては「質」が大事だとよく言われます。
しかし、「量」と「スピード」も同じくらい大切にすべきです。

「質」だけを追求すると、物事をうまく進めようと慎重さばかりが優先されてしまいます。結果、行動が遅れがちになります。

準備万端にしなければ、行動できない。そうなってしまうと、足腰が重くなり、「最初の一歩」さえ踏み出せなくなります。
成果は行動ファーストであってこそ、ライバルより早くもたらされるのです。

なお、ここでいう成果は、失敗も含めます。失敗を検証して、改善しつつ、次の行動のヒントに変える。
そう考えると、失敗も成功するための道しるべとなる大切な成果の1つです。

失敗しても、致命傷さえ負わなければ、何度でもやり直せます。

逆に、**「失敗してはならない」「最初から期待以上の成果を上げないといけない」**と考**えてしまうと、あなたの脳はプレッシャーに負けて、臆病で消極的な判断をします。**

脳科学を用いた興味深い実験を紹介しましょう。

スタンフォード大学のキャロル・ドゥエック教授の研究では、ある子どものグループには「すごい」「天才だね」と褒めました。別の子どもグループには「もっとやれるね」「上を目指そう」と期待をかけました。

すると、すごいと褒められてばかりいたグループは、徐々に失敗を怖がり、安全な選択肢だけを選ぶようになりました。

逆に、結果でなく努力した過程を褒めて、成長を期待されたグループは、みずから難問を選んで、果敢に挑戦したと言います。

この実験からもわかるように、**成功だけを追い求めて失敗を恐れてしまうと、アウトプットも慎重にならざるをえず、行動そのものを萎縮させてしまう**のです。

プランを省き行動したら、人気ユーチューバーになれた

成功も失敗も、アウトプットからしか得ることはできません。

成功の確率を上げるためには、脳科学的に見ても、まず**「量」を追求して、的《まと》に近づくためのデータを収集したほうが効率的**なのです。

具体的には、❶ライバル調査→❷最初の着手点を決める→❸模範行動→❹検証のための行動→❺次の着手点を決める→❻オリジナル行動、のサイクルを回し続けます。

これを私は「着手点スピードサイクル・メソッド」と呼んでいます。

自分の経験を話すと、私はビジネス系ユーチューバーとしてはかなりの後発でした。

テレビに出演する人気者でもなければ、ＳＮＳのインフルエンサーでもありません。

そんな「動画の素人」がなぜチャンネル登録者20万人を超えるユーチューバーになれたのか——それは、**「量」を追求したからです。**

チャンネル開設時、似たジャンルで成功している先駆者たちの動画をつぶさに研究し（❶）、同じような動画をアップするところからスタートしました（❷）。

着手点スピードサイクル・メソッド

●ハンバーガーショップ出店のケース

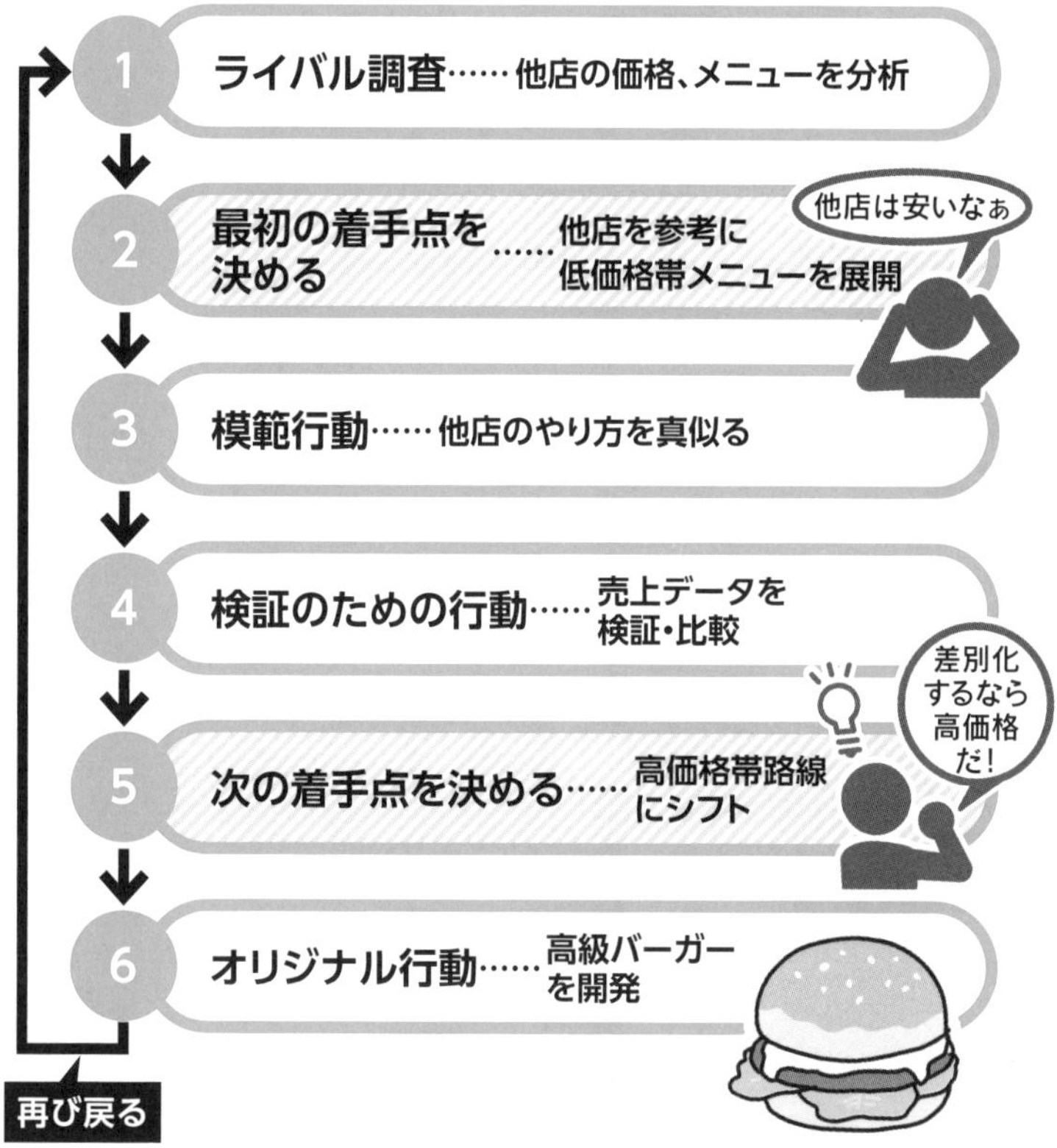
1 ライバル調査……他店の価格、メニューを分析
2 最初の着手点を決める……他店を参考に低価格帯メニューを展開
他店は安いなぁ
3 模範行動……他店のやり方を真似る
4 検証のための行動……売上データを検証・比較
差別化するなら高価格だ!
5 次の着手点を決める……高価格帯路線にシフト
6 オリジナル行動……高級バーガーを開発
再び戻る

CHECK 計画は立てない!

最初はテスト期間と考えていたのですが、それでも今思えば、内容はかなりひどいもの。一方で、チャンネル登録者も数十人しかいませんでしたから、気兼ねなくテストを続けることができました。

動画を作ったら、視聴者のリアクションを検証しながら、改めて登録者数の多いチャンネルと比較して、足りないところを穴埋めしていきます（❸）。

具体的には、取り扱うテーマ、話のテンポ、尺の長さ、資料のわかりやすさ、サムネイルのデザイン、表情などのインパクトを比較しました（❹）。

また、チャンネル運営者だけに提供されるデータをもとに、視聴者が飽きて離脱するポイントを検証して、次の動画に活かすことに。**大きく路線変更したのは、30本ほどの動画を上げてみてからです**（❺）。

動画で扱うテーマをガラリと変えました。時間管理術やメモ術など、ビジネス系のネタを取り扱っていたのですが、「お金」をメインテーマに切り替えたのです（❻）。

理由は、ここでも**過去データの検証**です。30本上げてみて、最も伸びていたのが、「年収1億を稼ぐコツ」や「お金の増やし方」でした。

また当時、ビジネス系チャンネルは中田敦彦氏や堀江貴文氏などの強力なライバルが群雄割拠の状態でした。一方、マネー系チャンネルはまだ競合は少なく、狙い目だと判断したのです。

そこから、再び同じように、類似ジャンルの成功者を研究して(❶)、今度はマネー系の動画を集中してアップし始めます(❷)。

このとき、過去の30本の動画は、一度、視聴者を混乱させないため削除しました。「経験値を得るため」「検証のための行動」と割り切っていたため、後悔はありません。

趣味やスポーツでも効果絶大!

軌道修正を繰り返した結果、当初の的は大きく外れたもの、わずか1年弱で登録者10万人を達成できました。

ちなみに、20万人を超えた今でも、❶ライバル調査→❷最初の着手点を決める→❸模範行動→❹検証のための行動→❺次の着手点を決める→❻オリジナル行動、のサイクルは回し続けています。

この「着手点スピードサイクル・メソッド」の一番のメリットは、**プラン（計画）を省くことで、より行動にフォーカスできる**点です。

とことん行動の量を追求することで、まわりに圧倒的な差をつけることができます。

着手点スピードサイクル・メソッドは、経営や仕事、趣味、スポーツなどあらゆる領域で応用可能です。

また、年収1億円を手にした私自身の経験だけでなく、お会いした多くの上場企業オーナーや一流の資産家など、私以上の成功を収めた人たちのデータ研究からも、誰よりも早く成功するためには、この着手点スピードサイクル・メソッドは必要不可欠です。

何としても身につけて、あなたの武器に変えてください。

年収1億円へのステップ③

綿密な計画を最初から立てない

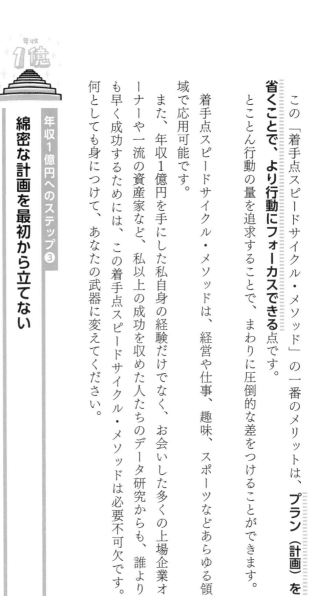

初動倍速ツール 04

9割アウトプット

――着手までのスピードを最短化する

さらに、私がもう1つ大切なポイントとしているのが「**スピード**」です。

スピードばかり優先すると仕事が雑になる。判断をミスしやすい。そう考える人が大半だと思いますし、もちろんそれも一理あります。

一方で、丁寧さだけを追求して、仕事が遅すぎるのでは周囲の評価は上がりません。**年収1億円になる人の仕事は、とことんスピードを優先します。**

この場合のスピードは、ただ仕事が早いだけではありません。インプットからアウトプットを生み出すスピードも同じです。

ほとんどの人は、インプットの比重が多くなりがちです。インプット：アウトプットの割合は、普通の人は9：1、アウトプットが多い人でも7：3程度ではないでしょうか。ただ、それでもアウトプットの量が圧倒的に足りません。

そこで、インプット1に対して、アウトプット9を意識してみてください。

「9割アウトプット」なんて極端な割合に思えるかもしれませんが、着手点スピードサイクル・メソッドなら可能です。

1つの知識を手に入れたら、それを活用してできるだけ多くの着手点を見つけて、どんどん行動に役立てます。

とにかく知識を出し惜しみせず、すぐにアウトプットする。

これだけで、あなたは年収1億円に大きく近づく一歩を踏み出したことになります。

年収1億円へのステップ④

今ある知識でできそうなことを10挙げて、実行に移そう

第2章

お金持ちは、時間に好かれている！

――自由な時間を最大化する「5つの仕組み」

時間創出テク 01

1秒ルール

——脳科学的に正しい「すぐ行動するスイッチ」

年収1億円を稼ぐ人は、お金だけでなく「自由な時間」も手に入れています。それが可能なのは、インプットよりアウトプットが重要だと知っているからです。

そして、アウトプットを増やして、準備やインプットになるべくムダな時間を消費しないような「仕組み」を活用しています。

本章では、私も取り入れている「時間を有効に使えるコツ」をいくつか紹介します。

これさえ身につければ、行動力が爆上がりして仕事も人生もうまくいきます。

∨ 小さなゴールを決めて、短時間集中する

アウトプットの量を増やすために最も簡単で、効果があるのが「**1秒ルール**」です。

これは、**集中力が続かないときなどに、高速で1つのことにフォーカスするコツ**です。

何かを成し遂げるためには、無駄な仕事や雑念をなくして、目標を達成するタスクだけに集中する必要があります。私はこの力を「フォーカス力」と呼んでいます。

フォーカス力を上げるには、「小さなゴールを決めて、短時間集中する」を繰り返します。

ただ、「やらなきゃ」と思いながらも、なかなか行動に移せないこともあります。そのとき、これから紹介する「1秒ルール」をぜひ試してみてください。

ちなみに、このアイデアの元になったのは、長年パニック障害に悩まされ、抗不安薬を20年間も飲み続けていたメル・ロビンズ氏です。そんな**彼女の人生は、「5秒ルール」によって激変しました。**行動量が増え、起業するにまでいたったのです。

そして、「5秒ルール」について書いた著書は全米で100万部のベストセラーになり、ニューヨークに拠点を構えるTEDでも多くの観客を前に講演しています。

その方法は、とてもシンプルです。行動しようと思ったたら、すぐに「5、4、3、2、1」と、口に出してカウントダウンします。そして、ゼロになるまでに「必ず行動に移す」というだけ。

行動することでドーパミンを発し、さらに、カウントダウンが一種の自己催眠のような暗示となり、脳科学的に見ても有効と言えます。

言葉にすることも行動の1つなので、ドーパミンが分泌されて自然とやる気がみなぎってくる、というわけです。

手を叩くことで、脳を支配して行動を早める

これを自己流にアレンジして、1秒に短縮したのが今回紹介する「上岡式1秒ルール」です。

やり方も簡単で、**両手でパチンと叩いて、「よし、やるぞ」と声に出すだけ**です。

私はこの方法で、すぐ行動するスイッチを手に入れました。

すでに紹介した通り、人は行動するから、やる気になります。パチンと手を叩いて、脳の行動を喚起して、意識を引き付ける。同時に、声を出すことで、そのとっかかりを一瞬で作ってしまう、というわけです。

「手を叩く」も「声を出す」も立派な行動です。

それがトリガーとなり、やる気をもたらしてくれます。脳内物質であるドーパミンが、脳の行動中枢を刺激して、モチベーションに転換されるからです。

小さくても、行動さえできれば脳の側坐核《そくざかく》が刺激されて、そのあとにドーパミンが分泌されることが、最先端の研究でわかっています。

つまり、手を叩いて声に出す行為は、行動のトリガーを自由自在に操り、脳を支配している状態を生み出せるというわけです。

水族館のイルカはなぜ上手に演技できるのか

Youtube の撮影や論文の執筆、依頼された原稿の修正など、日々やることに埋没していると、「どうしても、今日はやる気が起きない」という日が私にもあります。

一瞬で動ける「上岡式1秒ルール」

1. 手のひらを叩いてパチンと鳴らす
2. 「エネルギーが充電される言葉」を口にする
3. すぐに行動を始める

そんなときでも、「1秒ルール」を活用してトリガーで脳を呼び覚ませば、私の場合であれば、意思とは関係なく行動が喚起されます。

さらにここで、もう1つ行動を加えましょう。

息を吸い込み、手のひらをパチンと叩く。それと同時に「よし、やるぞ」と自分を励ます言葉や、**「エネルギーが充電される言葉」を口にする**のです。

発する言葉は、「お子さんの名前」でもかまいません。

この一連の動作をしたら、数分でもいいので、必ず行動するようにしてください。これを、行動の「強化」と言います。

水族館のイルカがインストラクターの指示通りに動けるのは、行動したあとに「ご褒美」がもらえるからです。エサがもらえるブザーを聞くだけで、よだれが出てしまうパブロフの犬の実験も有名ですね。

目の前にあったら嬉しい「ご褒美」を言葉にするのがいいでしょう。

もちろん、職場の環境によってはまわりの同僚に迷惑にならないよう、小声でやるなど工夫してください。

あくまで、脳のトリガーを発動するための儀式です。声の大小は関係ありません。知人のビリヤードのプロプレイヤーで、ここ一番の勝負どころでは、耳元でパチンと指を鳴らすという人もいました。

このシンプルな行動でも、脳に刷り込まれて強化されれば、着手点までのスタートダッシュは格段にアップすることを保証します。

年収1億

年収1億円へのステップ⑤

集中したいときは、手を叩いて「元気になる言葉」を口に出す

時間創出テク

02

短期100%集中
――お金を生むスキマ時間活用術ベスト3

私は数回だけ、ライブドア創業者の堀江貴文氏にセミナーや会食を介してお会いしたことがあります。

あるとき、同席していた経営者が時間術に尋ねたとき、彼はこのように返答しました。

「『時は金なり』ということわざがあるよね。ただ、僕に言わせれば、それを論じている時間ほど無駄な時間はない。時間とお金を同等に扱うなど、愚かなことだから」

堀江氏いわく、「人間にとって、何より価値あるものは時間だけ」というわけです。

必ず成功する人、年収1億円を手に入れる人は、「隙間（スキマ）時間」を有効に活

用しています。

お金を手にした成功者が移動時間にタクシーを利用して、メールのチェックや情報収集のためにネットニュースに触れるのは、「時間の有限性」を知っているからです。

ある調査によると、**一般的なサラリーマンの隙間時間は、一日平均1時間**だと言います。

しかも細切れ時間であることが多く、何かに没入するほど作業して、完結させるようなタイムスケジュールが組めません。そのため、ついボーッと過ごしてしまいがちになります。

ただ、毎日1時間以上もの時間を無駄に過ごしていると、累積では大きな損失になります。

では、どうすれば隙間時間を有効に活用できるでしょうか。

上岡式時間術① 2時間だけ集中する

まず、そもそも「**隙間時間を作らない**」ことです。

著者のある日のタイムスケジュール

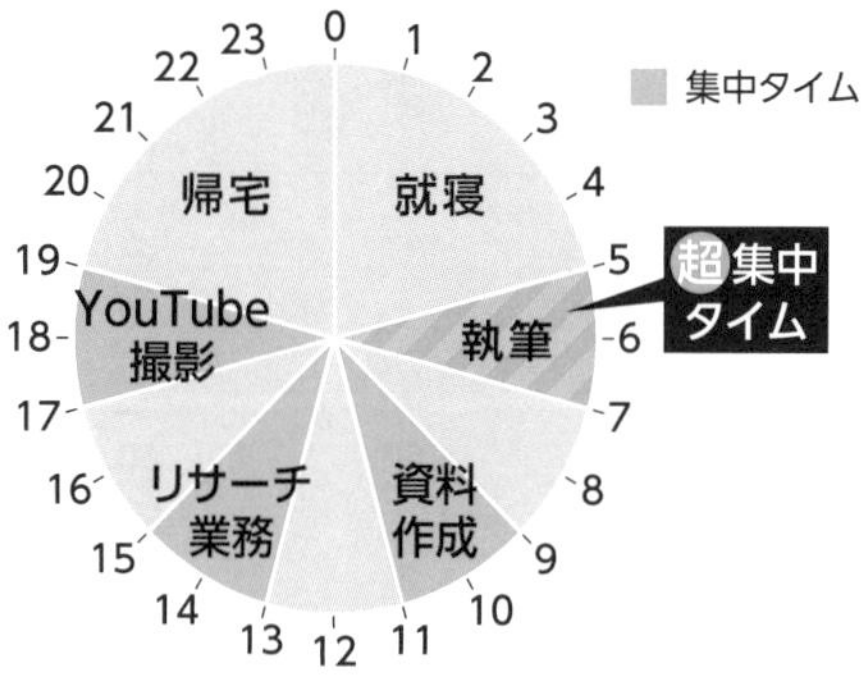

空き時間は商談やミーティング

「おいおい」という読者の怒りの声が聞こえてきそうですが、最後まで聞いてください。

私は早朝5時間から7時までの超集中タイムと、午前、午後、夕方と、作業時間を4つのブロックに分けています。それぞれ2時間ごとに集中をキープして、スタートダッシュで仕事をしています。つまり、一日に4回、スタートダッシュを決めているわけです。

それぞれ2時間の作業中は、よほど必要に迫られない限り、コーヒーを淹れるために席を離れたり、部下と世間話をしたり、散歩がてらコンビニで休憩したりしません。移動も極力控えます。つまり、最初から余計な隙間時間を作らない工夫をしているわけです。

小間切れの時間が1か月、1年と蓄積していくと、その差は取り返しがつかないほど大きなものとなります。

孫正義氏やビル・ゲイツ氏など、ビジネスシーンで大きな成功を収めたトップ経営者は、間違いなく時間活用の達人です。彼らは時間が有限であり、その使い方が最も差を生み出すと必ず述べています。そして、その通り実践しています。

私もこの意見に強く賛成します。成功のためには、いかに集中して時間を有効活用できるか、が重要です。

そのために、まずなるべく無駄な時間を作らないように心がけてください。

上岡式時間術② タクシー移動中の15分をどう使うか

ただ、通勤時間や外回りが多い営業職の人は、どうしても隙間時間ができてしまいます。私も、例外ではありません。

では、次のアポイントまでの空き時間は、どうすればいいのでしょうか。

私が実践しているのが、**「やるべき作業をあらかじめ決めておく」**ことです。

私は都内の移動は、ほぼ１００％タクシーを利用します。

無駄にお金を使っている、という意識はありません。移動時間に、車内でメール処理などの仕事をこなして、オフィスでの時間をより集中できるように整えているからです。外では雑用、オフィスはお金を稼ぐ場所、と決めているわけです。

電車であれば、改札までの移動を含めて30分かかるところを、タクシー移動だと半分の15分に短縮できます。

このとき、15分の空き時間を使って、私ならメールをチェックして、返信までします。

弊社の場合は、社員からの業務日報はメールで来ます。私は毎日、すべての日報に目を通して、必ず返信しています。それを会社の設立以来、20年続けています。

大変な作業に思われますが、細切れ時間を日報の返信に使えば、すでにブロックしてある集中すべきコアタイムに意識を削がれることもありません。

部下への質問なども、この時間に片付けます。

私は、部下との個別のやり取りをすべてLINE《ライン》で完結してしまいます。LINEだと、挨拶など無駄な言葉も省けます。タップだけで、履歴も確認できます。数行で作業を簡潔させるには便利です。

上岡式時間術③ デジタルガジェットをフル活用

さらに、20分以上の空き時間があれば、カバンのサイドポケットに持ち歩いているBluetooth イヤホンを、片耳にだけつけて、ビジネス系の Youtube チャンネルを聞き流しています。20分あれば、だいたい2、3本の動画が見れるでしょう。

1・5倍速で聞き流せば、本1冊分の情報量は確実にインプットできます。

移動中はメモを取り出すのが面倒です。気に入ったフレーズやあとで使いたい学びがあればアップルウォッチの音声認識メモを使って、ササッと備忘録を残します。最近の音声認識は本当に優れています。タクシーの移動中や電車の中でも、ほぼ完璧に文字起こしをしてくれて重宝しています。

隙間時間のいいところは、最初から締め切りがあることです。

このあと打ち合わせや会食など、別の予定が控えているからこそ、時間内に終わらせようという意識が働きます。

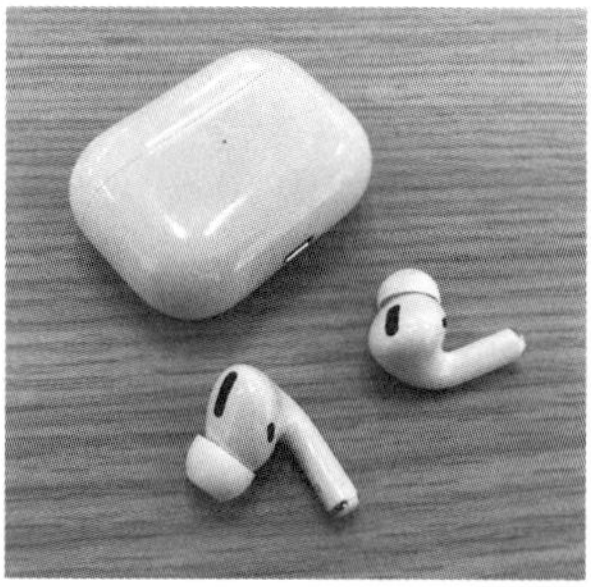

Bluetoothイヤホン

このように、ちょっとした空き時間が歴然たる差を生み出します。

「5分の細切れ時間では何もできない」ではなく、「5分で何ができるか」に全力で意識を向けて、最大限に有効活用するようにしてください。

たったそれだけで、あなたの手元時間はかなり増えるはずです。

年収1億円へのステップ⑥

5分、15分、1時間でやれる作業をそれぞれ考えておく

時間創出テク 03

早朝スキミング

――年収1億円を手にする人の朝時間活用法

朝の貴重な時間は、体感的に生産力も集中力も昼間の2倍、夕方や夜の10倍あります。

脳が最も活性化している時間を有効活用して、私の場合は起床してから、まず本や論文の原稿執筆などのアウトプットをします。

そして、時間が余れば、書籍やネットメディアから、次のアウトプットのために必要な情報をインプットします。

このとき、私が情報収集で利用しているのが「**スキミング**」という技術です。

スキミングとは、今必要な情報だけを、集中してインプットする手法です。本やニュース記事を最初から最後まで目を通しても、実際には脳のスペックを超えた部分はすべて忘れ去られてしまいます。

エビングハウスの忘却曲線という言葉を、誰もが一度は聞いたことがあるでしょう。次ページの図のように、人は記憶した内容を20分後に40％、翌日には75％を忘れてし

このページだけ読もう
オレの新聞やぶるなよ!!
ビリ

エビングハウスの忘却曲線

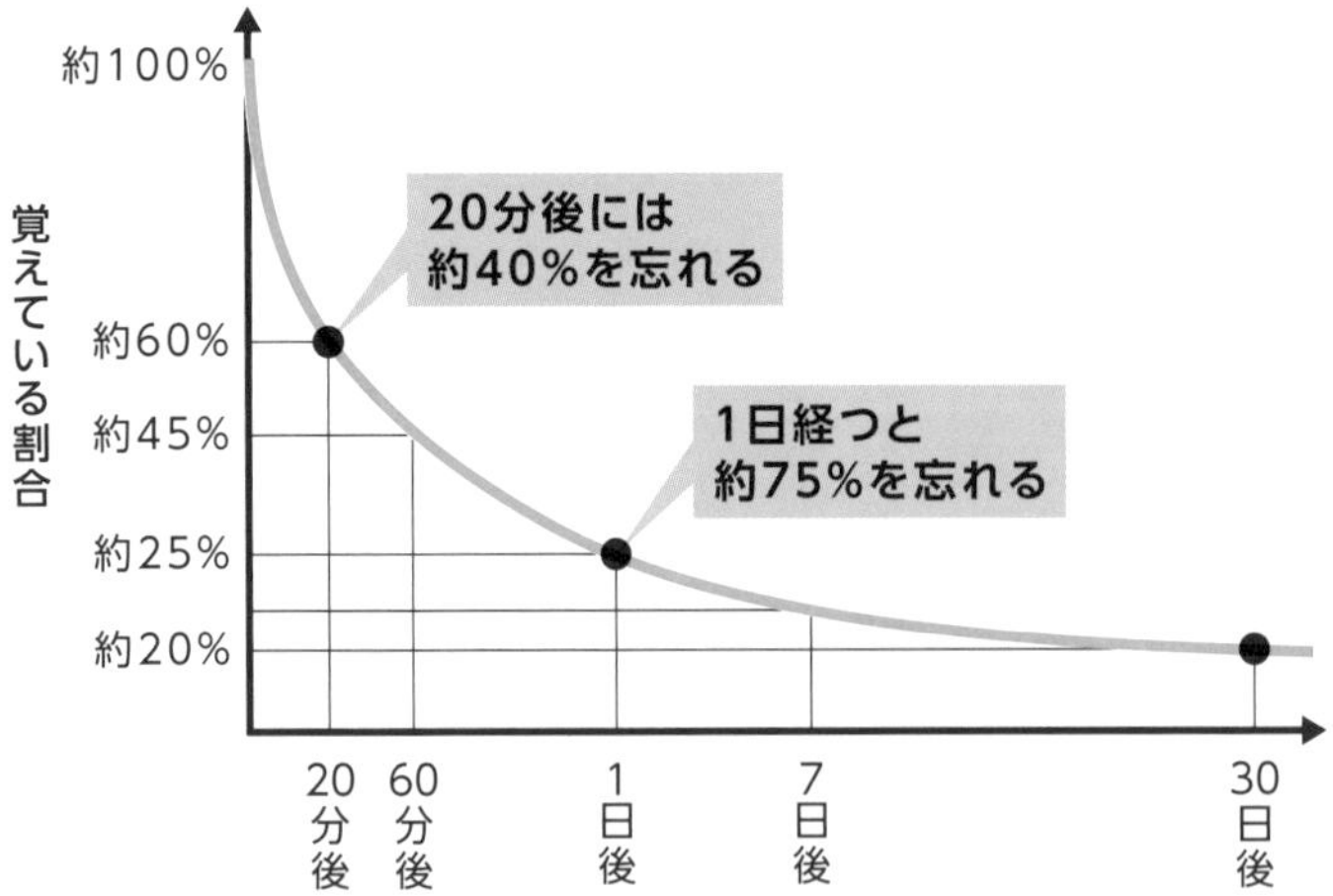

まいます。

ただ、実際私たちが日常的に触れる情報にはフローとストックがあります。

エビングハウスの忘却曲線は、「ストック情報」の実験です。記憶したいと強く意識した被験者たちの結果というわけです。

皆さんであれば、受験勉強の公式や試験前の重要単語などが、これに当たります。

一方、私たちが普段目にしている書籍やニュースの拾い読みというのは、もっとライトな、いわば目に軽く触れてみた程度のものです。

「記憶に留める」というより、流れ作業の中で次から次へと情報を目に触れさせていくことが多いでしょう。こうした情報を、私は「**フロー情報**」と呼んでいます。

フロー情報はストック情報に比べて、脳が一次記憶として留めておけずに忘れていきます。

人の脳は、私たちが考える以上に効率的にできています。脳が1日に使う熱量は、その他すべての私たちの臓器の合計よりも多いわけです。

逆に言えば、今すぐ使う必要がなく、重要でない記憶にエネルギーを使うほど、脳はスペックに余裕がありません。であれば、**最初から忘れてしまうフロー情報に時間を割いても、効果は限定的**と言えます。

そのため、私は最初から、今すぐ仕事で使えそうな情報だけを優先してインプットして、あとは切り捨てます。どうせ忘れてしまうのであれば、先々のためにインプットを増やしても時間の無駄です。むしろ、行動するほど、脳に定着するインプットは増えていきます。

そのとき役に立つのが、「スキミング」の技術です。今日使える情報、今のビジネスなどに役立つ内容だけに目星をつけてインプットしていきます。

切り捨てる情報があっても、気にしない

スキミングについてまとめると、

1. 必要な情報だけをインプットする
2. 他の情報は切り捨てる
3. 日頃から問題意識を持つ
4. 問題意識をもとに目星をつけて情報収集する

この4つの方法で行ないます。

繰り返しになりますが、脳は必要な情報だけを優先して脳に留めておくようにできています。すぐ使う情報であれば、なおのことです。

であれば、日頃からアンテナを立てて、使える情報だけに目星をつけてピックアップしていきます。

これを、脳科学では**カラーバス効果**と呼んだりします。

「赤いものを探してください」と質問を投げかけると、次の瞬間、脳が勝手にポスト、バス、リンゴなど、映像の中から赤いものだけを探知してしまう機能です。

カラーバス効果を応用すれば、誰でもスキミングは容易にできます。

意識せずとも、日頃から問題意識を持っていれば、この1か月で必要となる情報は自然と目に留まります。その問題意識に基づき、新聞記事やネットの記事を厳選して読むことで、**インプットしても忘れてしまうフローの作業時間をごっそりそぎ落とせて、即行動に使える確率も高まります。**

コツは、読まない記事、スルーする情報があっても罪悪感を持たないこと。「脳のスペックを食う情報」と思って遠慮なく切り捨てることです。

年収1億円を手にする人は、とにかく行動に無駄がない人です。それは、インプットも同じ。無駄なインプットを極力減らして、余った時間をすべてアウトプットに回すことで、今のサイクルを変えずに、効果的に行動量を増やしていくことができ、生産性はどんどん向上します。

年収1億

年収1億円へのステップ⑦
インプットの時間を半分にしよう

時間創出テク

04

行動即改善

——「ゆっくり改善」では生き残れない

もう1つ、私が重要視していることに、トライ&エラーのスピードがあります。

仕事のスピードには、大きく分けて3つの種類があります。

1つ目は、「仕事に取りかかるスピード」。つまり、着手する速さです。

2つ目が、すでに紹介した「仕事そのもののスピード」です。

生産性はこれに当たります。この部分については、第1章で紹介した「着手点スピードサイクル・メソッド」や「9割アウトプット」を参考にしてください。

さらに、もう1つ大事なのが、「**行動したあとのトライ&エラーのスピード**」です。

改善なきアクションは意味がない、というのは私の鉄則だからです。

私に限らず、上場企業の社長など、どの成功者にも必ず共通して見られる傾向です。**仕事のできる人は、すぐに行動するだけでなく、行動した瞬間から改善策を考え始めます。**

行動と改善を同時に行なうなんて、ちょっと意味がわからないかもしれません。しかし、年収1億円を超える人は、実際に行動してから、ゆっくりと改善するというプロセスを踏まないのです。

分厚い手帳を持ち歩く理由

以前、全国100店舗以上のクリニックを経営し、十数年で年商100億円の規模まで成長させた湘南美容グループの相川佳之《よしゆき》代表と、仕事をご一緒させていただく機会がありました。

相川代表は、常に黒革の分厚い手帳を持ち歩いていることで有名です。今の事業や人事の改善点を、そこに書き込んでいました。

少し見せてもらったのですが、本やセミナーからの気づきを得たら、すぐに「今後どう改善していくか」まで書き込んでいました。そのための行動予定で、びっしりと埋め尽くされています。

行動して、気づけばその場で改善点を書き込み、持ち帰ることなく部下や役員たちに伝えていく。

これほどのスピード感で仕事をしているからこそ、わずか20年で日本全国１００店舗の拡大が可能なのだと痛感したのを覚えています。

日本最大のショッピングモールの楽天の創業者、三木谷浩史《ひろし》社長の座右の銘は「**改善、改善、改善**」「**スピード、スピード、スピード**」です。

すごいですよね。改善を３つ並べて、さらにスピードを３つ並べる。

それぐらい、改善のスピードを重要視しているのです。

三木谷氏が主宰する、とある経営者同士の交流会でお会いしたとき、「走ったそばから改善するぐらいでちょうどいい」と話されていたのが印象的でした。

ほかにも、私の知り合いで億を超える年収の持ち主は、とにかく行動と改善のスピードが速いです。成功の秘訣が「行動と同時に、改善」にあるのは間違いないでしょう。

「締め切り」に頼りすぎない

では、なぜ一流の経営者たちは「行動と同時に改善」ができるのでしょうか。

それは、**「他人軸ではなく、自分軸で仕事をするほうがうまくいく」**ことを知っているからです。他人軸の代表は、いわゆる「締め切り」です。

締め切りが近くなると、集中力が発揮されて、すごい勢いで仕事が進むという経験は誰しもあると思います。一方、追い込まれてからの仕事ほど、精神的につらく、ミスが増えます。

他人軸でなく、自分軸で物事を進めるには、**すべてにおいて早め早めに動き、現場で検証して、できる限りその日のうちに改善して、その後の動きに余力を作る**ことです。

悩んでいる暇があったら、すぐに行動して、その場で改善してしまったほうが有利です。

仕事が遅いのは、能力の問題かもしれません。

ただ、取りかかるスピードや回数は、その人の姿勢や情熱が正しい方向に向けられているかどうかで決定します。

つまり、行動する以前の問題だというわけです。

もちろん、着手点までの行動やスピードを重視すると、どうしても抜けもれや判断ミスが生まれてしまいます。ただ、私はそれでもいいと思っています。

慎重にリサーチして、判断してミスが100%防げる仕事なら、念入りに準備すればよいでしょう（人命を預かる場合など、例外もあります）。

しかし、3つの会社を経営して、またコンサルタントとして多くの上場企業のプロジェクトや海外事業に関わってきた経験から言わせてもらうと、**仕事における小さなミスの99%は、むしろ改善の良いきっかけになることがほとんどです。**

とくに立ち上げの段階では、ミスをゼロにすることなど不可能です。

みなさんが楽しんでいるアプリのゲームも、初期段階ではシステムエラーと呼ばれるバグが無数に存在します。

それを何百人という人たちが同時にプレイして、動作確認しながら、一つひとつ検証して潰していきます。どんなに精緻に組んだプログラムでも、最初からバグをゼロにするのは不可能なのです。

であれば、他の人が100日かけて完成させるところを、1日で完成させ、行動しながら残り99日で改善したほうが、圧倒的に成果もスピードも上がるわけです。

慣れないうちは、一つひとつの改善に時間がかかってしまうかもしれません。

しかし、正しく行動を続けるうちに必ずできるようになりますから、諦めないでください。

年収1億

年収1億円へのステップ⑧

提示された締め切り前に提出して、残りの時間で改善する

時間創出テク

05

反省ノート術

──落ち込んだら、手足を動かせ

行動やトライ&エラーのスピードの大切さに気づいたところで、今度は失敗したり、ミスや叱られたりして落ち込んでいる際の対処法について話していきます。

ミスをして反省することは大切です。私でも、失敗して大きく落ち込むことはあります。

ただ、反省して落ち込んでいても、そこから何も生まれません。

何日もため息ばかりついているなら、今すぐトライ&エラーから始めて、落ち込みながらも前向きに行動して改善したほうが、気持ちもポジティブになれます。

脳科学では、人のやる気やモチベーションは、脳の前頭前野が司っていると判明して

います。

そして、この**前頭前野は行動、つまりバタバタと手足を動かすことで活発化することが研究でわかっています。**

止まって悩むより、行動することでやる気ホルモンであるドーパミンが、活発化して、継続的で前向きなアウトプットを続けることができます。

先述した「1秒ルール」も、この脳の仕組みを利用したメンタルコントロール法です。落ち込んでいるときほど、行動を止めるべきではないのです。机の前で頭を抱えているくらいなら、外に出てダッシュをしたほうが絶対にアイデアが生まれます。

ノートに改善策をまとめる

具体的に言えば、落ち込んでいる時間をできるだけ短くして、その時間をトライ&エラーの改善にあてます。

仕事でミスをしてその一日を落ち込んでいるのであれば、最初の30分で猛省して、残りの7時間近くを、すぐに改善活動に使ってください。

改善策を考える際は、**ノートなどに新しいルートの発見を具体的にまとめましょう。**

大事な取引先の名前を間違ったまま資料を渡してしまったとしたら、「次回からは、上司の確認だけでなく、同僚も含めてトリプルチェックしよう」「前日までに資料を完成させて、翌朝チェックしよう」というように、具体的にやることを書き綴るのです。

具体案ができたら、「1秒ルール」でさっそく行動です。着手点を見つけて、行動し、再び改善。年収1億円を稼ぐためのプロセスとは、この繰り返しになります。

「次はこうしたらうまくいくかもしれない」という新ルートを探し出す作業は、やってみると意外と楽しく、前向きになれる方法です。ぜひ試してください。

年収1億円へのステップ⑨

悩む時間を極力ゼロに減らす

第3章

年収1億円プレイヤーは、いつもご機嫌！

——成功する人の「口ぐせ5選」

成功する口ぐせ 01

「私は○○がしたい」

――自分の欲望に素直になる

年収1億円を稼ぐ人や、事業を起こして数十億円もの売上を稼ぐ人の「挑戦する原動力」とは、どのようなものでしょうか。

少なくとも、私が見てきた年収1億円を手にした人や、上場企業のオーナー経営者たちは、まわりからどう見られようと、**自分の信じる道を突き進む「挑戦心」**がありました。

そして、**それを必ず口にしています。**

これは、最近注目を浴びている「自己効力感が高い人」と捉えることもできます。

自己効力感を高める方法は、**自分の行動を好きになる**ことです。

また、目標が明確で、かつ**自分の欲望に素直**だということも挙げられます。

様々な年代の人から「お金持ちになる自信がないが、どうすればいいか」「成功するための条件はあるのか」という質問をいただきます。

ただ、相談者たちの話を細かく聞くと、どこかお金を稼ぐことに、後ろめたさのようなものを感じます。

本書の読者の方も、「金銭欲や自己顕示欲があることは良くないことだ」と聞かされてきた人が大半ではないでしょうか。

つまり、日本人の自己肯定感の低さは、日本の教育システムの弊害だとも考えられます。

悲しいことに、日本では、「お金を稼ぎたい」「会社を大きくしたい」「おいしいものを食べたい」「高級車に乗りたい」といった欲望を口にすること自体が「悪」だと言われてきました。

最近はむしろミニマリストといって、禁欲的な生活が理想とされています。

一方、**成功者が挑戦し続けられる原動力とは、純粋な「欲望」であることがほとんど**

です。

実を言えば、私の原動力も純粋に「欲望」です。

私自身、感情に素直な人間です。それは、欲望についても例外ではありません。

事業で成功して、多くの人々に良い影響を与えたい。成功体験を本にまとめて、社会に役に立ちたい。そのような社会的欲望や精神的欲望は当然あります。

人と違うことを恐れない

このように、人間である限り、誰もが物欲や金銭力、あるいは精神的な欲望があるはずです。欲望があるから、人はここまで進化してこられたのです。

年収1億を稼ぐような人は、欲望を隠すのではなく、むしろ利用することで大きく飛躍していきます。


自分の欲望に正直で、人と違うことを恐れません。

一代で巨万の富を築いた成功者は、シンプルに「自分の個性を思い切り発揮したい」というところからスタートしています。それが行動力となり、サービスやデザインになり、人を引き付ける魅力になります。

私が23歳で社会人になることなく、一人社長からスタートしたのも、「大きな組織を作りたい」「もっとたくさんのお金を稼ぎたい」という「欲望」からです。

きっかけは、たまたまよく当たると評判の東京・渋谷の占い師に、興味本位で見てもらったのがきっかけです。「君は組織やチームを率いたほうがいい。必ず成功する」とおだてられ、気がつけばそのまま信じて走ってここまで来てしまった、というわけです。

これには後日談があり、20年後、本当に成功して年収1億円を達成してから、もう一度その占い師に、人を介して会う機会がありました。

そのとき、すでに白髪になった彼は、柔和な笑いを浮かべて私にこう言ったのです。

「君には最高のアドバイスだったろ。なにせ、僕はプロだからね、人生相談の」

結果として、社会人の経験もない若造が、右も左もわからないまま、プラスの言葉だけを信じて、成功をイメージしながら欲望のまま行動し続けたら、見事年収1億円に到達してしまったわけです。

もちろん、途中には、大きな挫折や苦難もありました。

しかし、今思い返せば、すべて自分を成長させてくれた、かけがえのない出来事ばかりです。

同じように、**私の知っている年収1億円を手に入れた人は、基本的には「欲望にまっすぐ」で「ポジティブでネアカ（根が明るい人）」な人ばかり**です。そして、それをあけすけに口に出します。

欲望にバカ正直になる。どんな不幸もいいように捉えてしまう自分本位さが大事なのです。

年収1億円へのステップ⑩

あらゆる挫折や苦境も、すべて自分の都合のいいように捉えてOK

成功する口ぐせ 02

「めっちゃ楽しい！」

——人生の楽しみは成長のプロセスにあり

成功とは結果だけではなく、達成するまでのプロセスすべてです。人生の楽しみは過程にこそあります。その過程を心から楽しめてしまえば、挫折も失敗も怖いものはなくなります。

私のまわりでも、若くして会社をバイアウト（売却）して、数十億円という大金を手に入れて、リタイアしてしまった友人が数人います。

お金持ちになり、海外などを放浪するリタイア生活を続けていましたが、ほぼ100%、2年ほど悠々自適な隠居生活をタイやシンガポールでしたあと、再び日本に戻って事業を始めています。

お金に不自由しない。働く必要がない。だったら、一生のんびり暮らせばいい。読者の人なら、あるいはそう思うかもしれません。

しかし、**朝から晩まで成長のプロセスを楽しむこともなく、のんびり暮らしているのは、飽きるのも早いです。**

堀江貴文氏が「早期リタイアしても、ボケを早めるだけ」と言っているのを聞いたことがあります。笑い話のようですが、科学的には実際にリアルに起こりえると思います。

脳は常に刺激を求めています。芸能ニュースや iPhone の着信を四六時中見てしまうのは、生活の中で、無意識にあなたの脳が刺激を求めているからです。

すでに刺激のある環境に慣れ切ってしまった私たちの脳が、急に何もしない日常に放り込まれても、むしろ平凡でつまらなく、監獄に入れられているようだと感じてしまいます。

結局、若くしてリタイアしても働き始めてしまうのは、脳が刺激を欲するからです。

そして、刺激とは常に結果ではなく、過程《プロセス》の中にあるということを忘れないでください。

皆さんが過去を振り返ったとき、楽しい思い出より、苦しい中で懸命に努力や工夫したことのほうが、鮮明に記憶に残っていませんか。

営業数字をクリアした祝賀会や表彰式より、そこに至るまでのプロセス、とくにクライアントに叱られたシーン、プレゼン前日に徹夜で作業したこと、上司や同僚と泣きながらやった会議や反省会。こうした成長するまでのプロセスのほうが、よっぽど印象深いはずです。

結果に対する喜びも、その過程があるからこそです。

もし、何もせず、座っていただけで賞品をもらえても、感動は微塵《みじん》も感じられないはずです。すべての結果には、プロセスがあります。プロセスこそ、人生において最も価値があるのです。

何事に対しても楽しもうとする姿勢は大事です。そして、それを「楽しい!」と口に出せる素直さを持ち合わせたいものです。

年収1億円へのステップ⑪
成功する過程において生じる「刺激」を楽しもう

成功する口ぐせ 03

「この失敗は、いずれ良い経験になる」

――「前向きな言葉」はあなたを助けてくれる

このように、**必ず成功する人、年収1億円を手にする人は、❶欲望に正直で、❷前向きに取り組みながら、❸成功するまでのプロセスを楽しめる人です。**

世界を相手にビジネスがしたい。
お金と名声を同時に手にしたい。
多くの人に影響を与えたい。
そうした欲望をエネルギーに変えることで、行動力はどんどん高まります。
欲望を素直に口に出すことに抵抗がある状態では、行動力や挑戦心はなかなか芽生えてきません。

言葉には力があります。言葉を最初に耳にするのは、周囲ではなくあなた自身です。前向きな言葉は、他の誰でもなく、あなたのためにあるのです。

法律を犯すような欲望はもちろんアウトですが、**ポジティブな欲望は周囲を明るく、元気にします。**皆が挑戦を口にすれば、世界的に見てただでさえ恵まれた日本では、どんどん成功者が生まれてくるでしょう。

私が年収1億円を実現できたのも、まわりが自分の欲望に消極的だからです。スタートの段階で、ライバルが半減しているからです。

この世界は最初から不公平です。チャンスは平等だとは言いません。ただ、行動しない時点では、ゲームから勝手に消えているのと同じです。だったら、欲望を素直に口にしてください。それを原動力にした、行動する人間だけが成功します。

これを、私はユーモアを込めて「**ことだま（言霊）ブーメラン**」と呼んでいます。

まだ実現するかもわからない夢や目標も、私はどんどん口に出していきます。口にすることで、やる気が出るアドレナリンが脳内に分泌されて、行動力が高まります。脳がイメージすることで、言葉のままの自分に近づこうとします。

さらに、口にすることで、応援してくれる仲間が集まります。

言葉が持つエネルギーにより、自然と引力が生まれて、成功に必要な物質が引き寄せられてくると私は信じています。

それが、成功する人の方程式なわけです。この宇宙では、銀河系も、太陽系も、地球と月も、私たちを構成する最小単位の素粒子も、回転することによって引力が生まれて、エネルギーが強いほうへ引き寄せられています。

この世界では、私たちは誰もがエネルギーの強いほうへと引き寄せられています。それを引力と呼ぶわけです。その効果が強く発揮される1つが、言葉によるエネルギーだというだけです。

失敗したとき、使っていい3つの言葉

しかし、もったいないことに、「全部無料《オールフリー》」の言葉を利用して誰も挑戦したがらない。理由をつけて、言葉にしようしないわけです。

では、その原因はどこにあるのか。

もしかしたら、自分が日頃使っている言葉にあるのではないか、と今一度、検証してみることをお勧めします。

少なくとも、私が知っている年収1億円を手にした人たちは、決してマイナスでネガティブな言葉を使いません。意識して、使わないわけです。

私も同じです。失敗や挫折を経験したとき、ついネガティブな言葉が頭に思い浮かぶこともあります。

それでも、グッとこらえて、口にするのはやめにします。

「やってやれないことはない」「いずれ良い経験になる」「失敗しても、次で活かせばい

い」

口にしていいのはこの3つです。

このとき、もしあなたがネガティブな言葉を口にすれば、次の行動は消極的になるでしょう。

相手に投げかけた言葉であっても、です。繰り返しになりますが、あなたの言葉を最初に耳にするのは、ほかならぬ自分自身だということを、どうか忘れないでください。

年収1億円へのステップ⑫

今日発した言葉を振り返ってみよう。ネガティブワードばかりなら要注意！

成功する口ぐせ 04

「このチャンスを活かします！」

――目の前の出来事は「プラスマイナスのドライバー」

自分の解釈次第で、目の前の出来事はプラスにもマイナスにもなります。

ここで、成功する人の「解釈力」を紹介します。

私の会社では、年に一度、大きく目標達成した社員を表彰しています。

何の苦労もなく、売上などの結果を叩き出せる人は一握りの天才を除いて存在しません。

ほとんど例外なく、壁を突破する前に、いくつかの難局を乗り越えます。

このとき、結果を出す人には、共通した考え方があります。それが**「解釈力」の違い**です。

身の回りの出来事をどう意味づけするか

何か目標を決めたとき、人は2通りの解釈をします。1つは、「会社が与えた目標であり、自分がやりたいことではない」という解釈です。

一方、「会社の目標だけど、この会社で働くという選択は自分で決めたことだ。みずからの成長の延長上にあるし、プロセスを学べば努力はきちんと自分に返ってくる」という解釈です。

後者の社員は成長も早く、より大きな仕事を任されやすいです。結果、チームを率いたり、若いうちから高い年収を比較的手にしやすくなります。

私の会社は、独立したい社員は引き留めません。

彼らを見てきてわかるのは、**何事も自分ごととして、前向きに解釈ができる社員のほうが、チャンスをつかんで独立後も成功する傾向が強い**ということ。

人生の解釈力とは、身の回りで起こった出来事や、訪れたチャンス、人との出会いを「自分の成長」に意味づけできる力です。

どちらの解釈が、自分の成長につながるのか。常に考えることが重要です。

解釈力の違いが将来を左右する
フフン
「この内容では満足できないよ」
二流の解釈
“この人は俺を嫌っているんだ”
否定的に捉える
一流の解釈
“この人は俺に期待しているんだ”
肯定的に捉える

今度は、少し視点を変えて、より身近な例を挙げてみましょう。

私のYoutubeチャンネルではときおり、経済的自由を手に入れるお金の知識やキャリアを高めるための学び方について話しています。

最近は、実際に行なっている独学のためのノート術や、朝の時間の使い方について解説しました。

すると、「それは、上岡さんだからできた」「経営者で時間に恵まれているからだ」というコメントの多さに驚かされることがあります。

一方、**「ヒントを得て助かりました」「同じようにできないけど、工夫しながらチャレンジします」**などとコメントをくれる人もいます。

このように、同じインプットでも、自分には無理だと解釈するのか、成長のために何かしら得をしたと考えるのか、2通りの受け止め方があります。

私自身も、ポジティブに受け止めて、成長意欲の高い後者の人に、もっと教えたいとなります。**「いいですね」「役に立つよう工夫します」「ありがとうございます」**。このようなポジティブな反応があれば、さらに具体的なアドバイスをしたくなるものです。

解釈の共振力を広げていく

人の成長を真剣に考えた場合、厳しいフィードバックをしなければならないこともあります。

そうしたときに、「自分はまた叱られている」と解釈する人もいれば、「自分の成長のために言ってくれているのだ」と解釈する人もいます。

どちらも、相手の行為は同じです。

もちろん、パワハラはよくありません。ただ、**周囲の出来事は変わらなくても、解釈の違いだけで、ポジティブにもネガティブにもなる、**ということだけは覚えておいてください。

チャンスの捉え方にも影響を及ぼします。同じ日常も、解釈次第で、180度変わってしまいます。日本にいれば当たり前のことでも、毎日水すら手に入れることに不自由する国からすれば、恵まれた環境に見えるでしょう。

そうした意味では、前向きな解釈力というのは、あなたの行動力を高めるために不可欠な要素なのです。

自分に肯定的な解釈力をした人は、たとえ相手から批判を受けても、「足りないところを指摘してくれた」とプラスに受け止められます。周囲の出来事を、学びと成長につなげていけます。一流のスポーツ選手はこの能力が抜群に長けています。

一方、否定的な解釈力の人は、どんな言葉をかけられても、それを自分なりに変換して、マイナスの言葉にしてしまいます。

ここでは、あなたの解釈が、自己肯定感を高めもすれば下げもする、ということを知ってください。そして、**できればポジティブな解釈力を持つ人の近くにいるようにしてください。**

プラスの解釈力は、周囲に伝搬していきます。

残念ながら自分以外はコントロールできません。自分の解釈のコントロールの範囲を広げて、周囲のあり方を変えて、行動力に変えていくしかないのです。

必ず結果を出す人、年収1億円を手にする人というのは、間違いなくポジティブに出来事を解釈して、前に進んでいける人になります。

年収1億円へのステップ⑬

目の前の出来事に対して、解釈に迷ったらポジティブに考える

成功する口ぐせ 05

「ハンデを負うぐらいがちょうどいい」

——楽観的なメンタルのほうがうまくいくことも

すべての人間が、スタートラインが一緒ということはありません。
正直、この世界は不公平です。
公平でなければいけないと決めたのは、人間だけです。
マンボウの稚魚は、99・9%が他の魚のエサになります。うさぎは常に、キツネやタカに狙われています。

上を見ればきりがないですし、下を見ても同じです。

今では日本は、世界第3位の経済大国です。安全に生活できて、基本的には日々食べるものに困りません。

しかし世界を見れば、住む場所や職業さえ選べない人がいます。いまだに内戦が続く中で、学校に通っている子供もいます。その日の食事にありつけない人たちもいます。

日々の安全な生活や自由だけを見れば、地球上の80％の人たちより、私たちのほうが恵まれているかもしれません。

日本に生まれているだけで、最初からこれだけのアドバンテージをもらっているわけです。

どこのスタートラインに立つことを、望んでいるかはわかりません。先頭のポールポジションだけを望み、他はすべて非難の対象なのかもしれません。

ただ、**あなたの100メートル後ろ、あるいは1キロ後ろから走り始める人も大勢います。**

それを知って、どうしますか。諦めますか。その場にしゃがみ込みますか。

ここで負けを認めてしまっては、結局、人生はすべてあなたの行動や努力の及ばない、「運次第」ということになります。

もし、あなたが望んだスタートラインに立っていないとしたら、より多くの時間を行動に使い、その差を埋めるしかありません。
工夫をして、先回りする方法を探してください。努力と行動次第で、いつでも未来は変えられます。

これも、先ほど話した「解釈」の差です。逆境をバネに夢を叶えたり、経済的自由を手にした人は、この世界には大勢います。

「もう」と思うか、「まだまだ」と言えるか

ただ、そのためには、やはり最初の1歩目をなるべく早く踏み出すことが大切になってきます。その原動力に、すでに紹介した欲望や好奇心を使ってください。

その力を最大限に発揮されている成功者のお一人が、ダイヤモンドダイニングの松村厚久《あつひさ》社長です。

日本最大級の飲食業界グループの創業者で、東証上場企業にまで育て上げた経営者です。

私がお会いした頃、松村社長は若年性パーキンソン病をカミングアウトしたばかりで

した。テレビでも取材されたので、知っている人も大勢いるでしょう。

世間に告知する前から交流会を通じて知っていたので、一人で立って歩けなくなった松村社長を見て「何かおかしいな」と異変には気づいていました。

このとき、自身の大病を公表した際の、松村社長の話が忘れられません。


「1000店舗1000億円のグループ企業を育てるのに、何事も楽勝では面白くない。大病を抱えているぐらいのハンデがあってちょうどいい」


社員たちが立て続けに退社するなど、会社経営に行き詰まりを抱えていた私には、松村会長の言葉はグサリと胸に刺さりました。

普通に考えれば、暗く沈んでしまうような話です。

でも、どんな苦難でも解釈力によって、自分はもちろん、周囲の人々まで勇気づけられることを、身をもって教えられ、そして勇気づけられた気がします。

「もう」と思うか、「まだまだ」と言えるか。

今、この瞬間も耐えがたい挫折や、大きな壁にぶち当たっている人も、大勢いると思います。

ただ、その出来事の解釈を決めるのは、あなたです。

1歩目を踏み出せた人だけが、2歩目を踏み出すことができます。

先々の失敗まで、私はあえて考えないようにしています。経験上、少しぐらい楽観的なほうが人生好転します。

年収1億

年収1億円へのステップ⑭

逆境をプラス思考に変えた先人たちの勇気を忘れない

自分の気持ちに素直に、まっすぐに進んでいってください。

皆さんは、今、空腹の状態です。お腹がすいた状態で食べたいと思ったら、即行動しますよね。「腹減ったぁ!」と声に出しますよね。好奇心や欲望に忠実に生きるとは、そういうことなのです。

第4章

お金持ちは、何度倒れても立ち上がる！

――メンタルおばけになるための「限界突破法」

限界突破法

01

意識の1点集中
——恐れと迷いがピタリとなくなる覚悟の決め方

人生は、ボーッとしていると、あっという間に過ぎてしまいます。

読者の中には、これから就職する学生や、社会に出たばかりの若者もいれば、40代、50代の働き盛りの人もいるでしょう。ひょっとしたら100歳を超える方もいるかもしれません。

ただ、**誰にとっても間違いないのは、何人《なんぴと》も今日が一番若い日であり、どこからでもチャレンジできるということです。**

スタートするなら若いうちがリスクも少なく、多少失敗しても、やり直しがききます。多くの学びや失敗などの経験が積み上がり、次の挑戦で成功する確率を高めてくれるからです。

今の時代にはそぐわないかもしれませんが、私は若いうちに一度は、目の前の仕事や人生目標のために、寝る暇も惜しむぐらいで、全速力で突っ走ってもいいと思っています。

決断、覚悟、行動を1点に合わせる

年収1億円を手に入れる人は、このように、**少なくとも一度はみずからハードルを上げて、仕事に集中した経験をしています。**

そして、必ずと言っていいほど自分の限界を超えて、次のステップにのぼります。

私の知り合いに、年商100億円規模の化粧品会社を20年近く経営している女性社長がいます。

ある日、一緒に食事をしていると、過去に倒産しかけた話をされました。

とても優秀な経営者だったので、心底驚きました。

そのとき、彼女は心労で体重は減り続けて、疲労困憊だったそうです。これで最後だと思い、持っていた銀行通帳と印鑑を、全部机に並べたそうです（**決断**）。

ここにあるお金が全部なくなれば、他に失うものはない。そう考えると、逆に不思議と恐れがピタリと止まったそうです（**覚悟**）。

そこから、やるべきこと一つひとつを紙に書き出して、全部やり始めたというのです。その努力のかいあり、会社も大復活を遂げました（**行動**）。

人生、迷いがあるうちは、行動とエネルギーの焦点が合いません。虫眼鏡と同じ原理で焦点が一点に合うから、紙は熱量で燃え上がります。

決断、覚悟、行動。やりきる力を手に入れるためには、スキルだけでは駄目です。皆さんもこの3つの焦点を合わせることを、忘れないでください。

年収1億円へのステップ⑮

挫折したら、目の前にあるものをすべて出し、何ができるかを考える。それをすべてやる。決断・覚悟・行動の3つを持つ

Column

倒産危機を乗り越えたターニングポイント

私も、人生で二度、ここが限界点だというところまで仕事に没頭した過去があります。

一度目は23歳のときです。

私は大学在学中から個人事業主として働いてきました。今風に言えばフリーランスです。

当時は放送作家として会社勤めをすることなく、テレビ局やラジオ局に出入りして、テレビディレクターと打ち合わせしながら、朝のニュース番組の原稿を作ったり、バラエティ番組のアイデアを出すのに明け暮れていました。

今の経営者としての礎となったのが、このときに得た経験や人脈です。

そして、このときほど、私の人生で一番働いた時期はありませんでした。

家に帰れるのは月に二、三度ほど。ほとんどを薄暗い編集室か、テレビ局のスタジオの出入り口に備え付けられた長椅子をベッド代わりにして寝ていました。

当時、東京麴町《こうじまち》にあった日本テレビには、人気番組の「THE夜もヒッパレ」「天才・たけしの元気が出るテレビ!!」などを収録する巨大なスタジオがありました。出入り口には長椅子が置かれ、そこが私の一番のお気に入りでした。

芸能人やその関係者も使うため、ふかふかの材質で気持ちがよいのです。そこで朝を迎えて、再び現場に戻る。そんな仕事を、20代の頃は続けてきたわけです。

そして、二度目は、27歳のときに、親友と二人で会社を立ち上げたときです。

当時は、本当にゼロからの始まりでした。何もない5畳のワンルームオフィスからのスタートです。

そこに近くのホームセンターで買ってきた、1つ4000円のデスクを置

Column

き、金づちで本棚を組み立てる。まさにドラマのワンシーンのように、全部手作りでした。

それでも、完成した狭いオフィスを見て、期待に胸が高鳴ったのを覚えています。しかし、そこからが人生最大の苦労の始まりでした。

起業仲間が転職サイトを見ていた

27歳の若手経営者と言えば、聞こえだけはいいです。しかし、人脈がほとんどないので、自分たちでサービスを作り、自分たちで営業して、自分たちでお金にしなければなりません。

当時始めたのは、テレビの放送作家の経験を活かしたメディアプロモーション事業でした。

しかし、27歳の若造の話をまともに聞いてくれる企業の担当者はいません。

3か月近くほぼ無給で働き、貯金残高もみるみる減っていきました。

加えて、さらなるショックが追い打ちをかけます。

成果のない営業からクタクタになり帰ってくると、一緒に会社を立ち上げた友人が、転職サイトを見ていたのです。

扉を開けた私と目が合い、一瞬、ぎこちない雰囲気が二人の間に流れました。

このときのショックは、言葉では言い尽くせません。全身から血の気が引いて、力が抜けていく感じがしました。

ただ、不思議と、相手への怒りはありません。

むしろ、会社に利益がないことで、唯一の同僚であり親友を、ここまで追い詰めてしまったことへの罪悪感が、胸にこみ上げました。

社長は、私です。結果責任は、すべて私にあります。言い訳しても、何も始まりません。

この日を境にして、私の意識はガラリと変わりました。

Column

口先だけで夢を語るのでなく、**❶どんなことでもやりきる決断、❷一点集中して退路を断つ覚悟、❸やるべき行動**、この3つを徹底しました。

逆に言えば、必要な決断、覚悟、行動をしたからこそ、難局を乗り切れたのです。

◎覚悟を決めて量をこなす

知り合いの社長さんたちも、難局を乗り切る際には、同じようなターニングポイントがあったと必ず言います。

私の場合であれば、まずは小さな仕事でもいいのでやらせてほしいと、頭を下げて回りました。朝から夜まで営業を続けました。夜中にはホームページを作り、朝には翌日に提案する資料作成をこなします。

量をこなすことで、顧客のニーズや、改善点も見えてきます。

おかげで、少しずつ受注が増え、数字の兆しが見え始めて、会社も軌道に乗

Column

りました。

そこから、さらに新しい実績を積み、それを事例に、また新規営業をかけていく。まさに小さなレゴブロックを積み上げていくような地道な作業でした。

実績化→新しいノウハウの獲得→事例化→新しい営業、の繰り返しです。

こうして、気がつけば5年かけて年商3億円の会社にまで成長させることができました。在庫や中間マージンのないコンサルティング会社での年商3億円です。ほぼ粗利ということを考えると、小売りや製造業でいうところの10億円規模です。

オフィスも小さなワンルームから、汐留にある電通本社ビルの前に移転しました。大勢の社員も雇いました。

今では、会社の株式上場も視野に、社員一丸となって突き進んでいます。

限界突破法 02

成長日記

――軸がブレない人は自分で自分を評価する

がむしゃらに働いて自分の限界を知ろう。といっても、長期にわたってハードに仕事をすれば、多くの犠牲を払うことになります。体調だって壊してしまいます。

しかし、**一度限界を突破した経験は、「自信」へと変わります。**

年収1億円を超える人は、自分の限界を必ず知っています。それは、一度だけでなく、二度、三度と似たような経験をしてきたからです。

最大のピークパフォーマンスを知っているから、失敗して追い詰められても、どこか心に余裕があります。

それは、いざとなれば、自分が全力を出し切ることで、短期間で最大のパフォーマンスを出せると知っているからです。自分がバッファになれば、どんな難局や壁もチャン

スに変えて、チームで突破できる。

過去の経験が、自信となり、それがあったから行動をしていける。自分のチームを信じ切れる原動力になっていく。

こうした人は強く、軸がブレません。

他人の評価より「自分の評価」

修羅場を何度もくぐり抜けてきた経営者は、言葉では表現できないオーラにあふれて見えます。困難にぶち当たっても、逃げずにやってこられたという自信が、その人の重力のような重さとして見えるからだと思います。

今日が終われば、明日、私たちはまた1日分年を取っていくわけです。

そう考えると、本当に自分の人生で、1日も無駄にすることはできません。

悩んでいる暇なんてない。毎日を全力で生きよう、と。

きちんと自分自身が夢や目標に向かって、真剣に歩み続けているか。チャンスと見れば逃さず、出力を上げているか。決断、覚悟、行動の焦点がきちんと合わさっているか。

それらを振り返るために使うのが、私の場合であれば**「日記」**です。

私は20歳から、毎日欠かさず日記をつけています。

「一日一生」を人生のテーマに掲げ、常に今日一日を「人生最後の日」と思い、懸命に生きる。それを人生の指針にしているわけです。

毎日の成長は、目に見えないほど小さいものです。しかし、3か月、6か月、1年と積み上がると、信じられないほど大きな変化になります。

昨日の自分、去年の自分と比較して、どれくらいレベルアップしているか。

積み上げてきた努力や時間は、自分を裏切りません。

日記を振り返ると、意外と自分や周囲のステージが上がっていることがわかります。

そして、自分の価値は、他人が決めるのではありません。自分の価値は、まず自分で決めてください。そのためにも、今日からでもいいので、日記でアウトプットを自己評価しましょう。

年収1億円へのステップ⑯

日々の成長を可視化するために日記をつけて定点観測する

経験を自信に変える方法

ステップ 1
自分の価値評価を高める

→

ステップ 2
他人の評価を高める

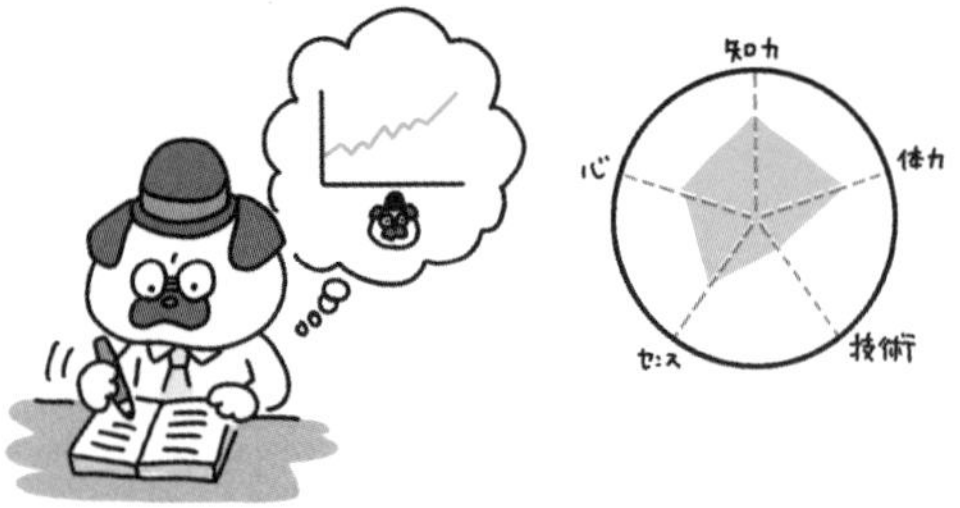

会社に所属すれば、他人の評価があなたの年収やキャリアを決めます。それでも、まず自分の価値判断があり、それから他人の評価軸、の順が正しいです。**自分の価値判断が低い人が、周囲からの評価が上がることは絶対にない**からです。

「成功する、お金を稼ぐ」と決めたなら、まず、あなたからの評価を上げてください。

限界突破法 03

つぶやき承認

――たった1秒で自信を取り戻す

成功する人は、たいてい周囲から「あの人は変わっているから」「他人と同調できない人」と言われ始めます。

周囲が止まっている中で、変化し続けているのだから、それはごく自然なことです。変わっている、と言われていない人は、まだまだ行動に変化が足りません。

ちなみに、今でも私のYoutubeチャンネルには、毎日のように誹謗中傷が書き込まれます。

ただ、だからといって、何だというのでしょう。自分の好きなように、自由に生きようとすればするほど、他人と同調するのが難しくなります。

＞一流のテニスプレイヤーが自分にかける言葉

このとき、役立つのが自分に対する、「自己効力感」です。

日本人の自己効力感は、世界最下位レベル

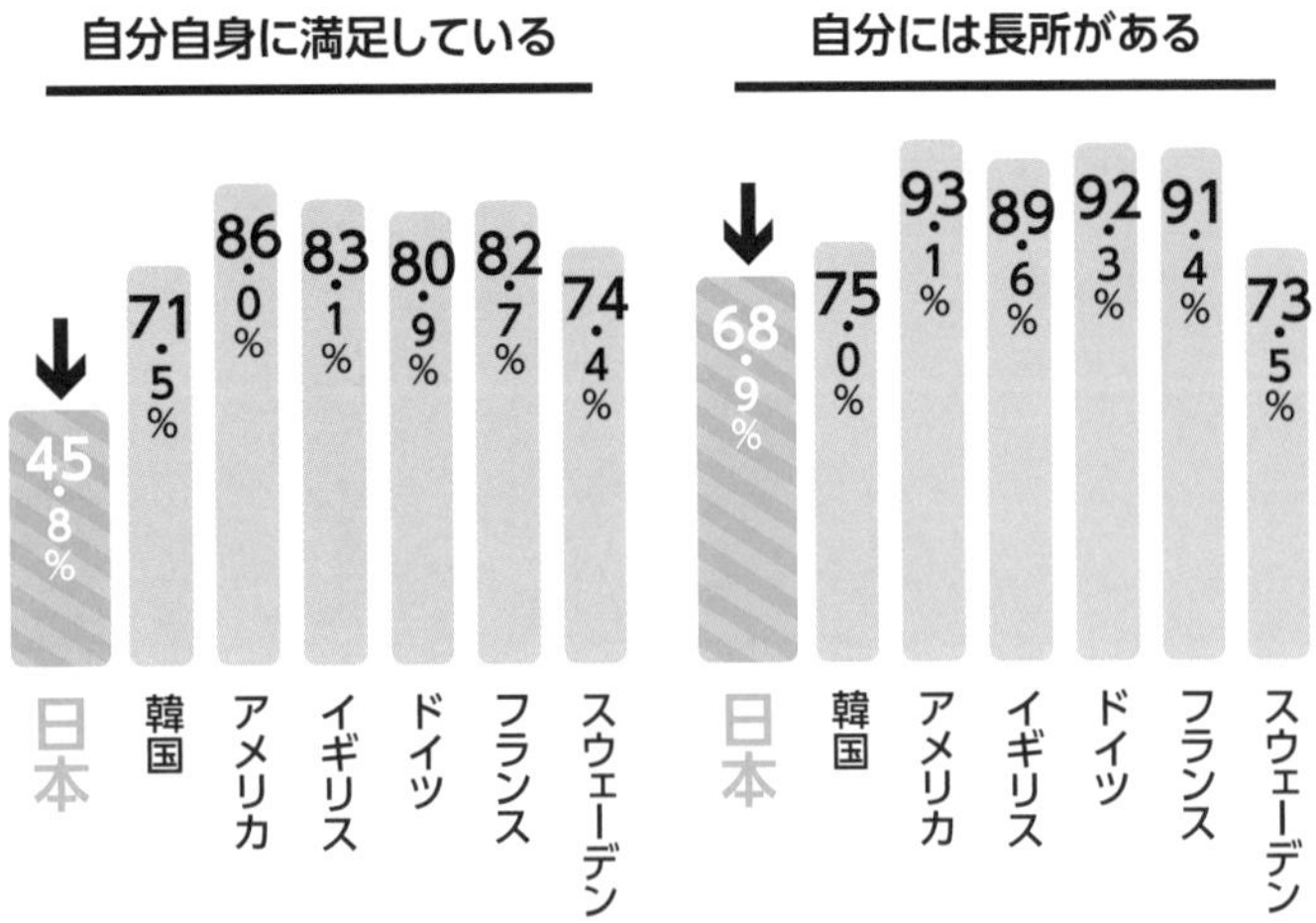

(出所)内閣府ホームページ[平成25年の調査]

自己効力感が高い人は、ショックなことがあっても立ち直りのスピードが段違いです。

ちなみに、上図のように、日本人は世界の中で自己効力感が最下位です。

自己効力感を高めるために手っ取り早い方法は次の4つです。

❶好きなことを「好き」と言う
❷自分の好きな分野で成長を感じる
❸小さいことでもいいので成功体験を重ねる

さらに、すでに紹介した

❹プラスの言葉を口に出す

一流のテニスプレイヤーは、試合中、必ず自分の良いプレイを口に出して確認します。

私も、仕事の流れを作り出すために、「よし、大丈夫だ」「うまくいっている」と口に出します。自分で、自分の行動を承認して、鼓舞しています。

これなら、たった1秒で自信を取り戻せるでしょう。自己啓発のためのセミナーなんて、正直いらないくらいです。ただし、まわりに誰かいるときは、こっそり、つぶやいてくださいね。

年収1億

年収1億円へのステップ⑰

不調を感じたら、「今の私は絶好調！」とつぶやこう

限界突破法

04

希望＆絶望の二刀流

――「死ぬまで勉強」と気づくと、人生は好転する

もしあなたが、今の仕事を好きになれない、自分には自信がないと感じているのであれば、環境や上司の愚痴を言う前に、次の2つを試してください。

まず、**「今のプロセスの先に、本当に手に入れたい未来があるのだ」**と信じきることです。

仕事から多くを学び成長していけば、スキルが認められて、希望の部署へ配属になるかもしれません。経験が転職で有利に働いたり、取引先で新しい出会いのチャンスが舞い込む可能性があります。

いつだって、プロセスがあって、その先に望む結果があります。

あみだくじのように、プロセスは常に分岐しています。その分岐チャートを想像してください。希望するゴールを引けるように、「自分はできる」という自己効力感を持って行動して、今を楽しむ工夫をしてください。

もう1つは、「**給与をもらいながら学べるなんて、すごく恵まれている**」と視点を変えることです。

「死ぬまで勉強と気づくと、人生は早々に好転して豊かになります」

これは、私が大学のゼミや講演などで、学生たちに必ず最後に話す言葉です。

逆に現状に甘んじたり、今いる職場に求めてばかりになると、自分でも驚くほどあっという間に「学ばない人間」になります。

強制される勉強ほど、面白くないものはありません。

大人の「学び直し」もそうです。「学び＝無理やりやらされるもの」となれば、誰だって腰が引けます。

自立した学びの必要性を、自覚できるかが重要です。

「死ぬまで勉強」を続けるには、**ある程度の危機感も必要です。**ずっと組織にいれば安泰だと考える人を、マインドごと変えるのは、私でも難しいものです。

恐怖を利用して過去の栄光を断ち切る

20歳のときからお世話になり、台湾や銀座などに高級寿司店を営む経営者が、以前このようなことを言っていました。

「希望はもちろん大事だが、そればかりでは馬力が生まれない。希望と恐怖、この両方のエンジンを持つことが大切だ」

以来、私もこの言葉を使わせていただいています。

希望と恐怖を持て。

希望は大切ですが、かといって危機意識が一切なければ、緊張感を保てません。ときには将来へのリアルな恐怖心で自分を駆り立てながら、行動を起こすことも大切です。

以前テレビで、バブル崩壊で倒産した日本長期信用銀行の、その後を追ったドキュメンタリーを見たことがあります。

大学新卒の就職人気ランキングでは、常に上位。その巨大さから、絶対倒産しないと言われた銀行です。

番組ではバラバラになった社員たちが一堂に会する同窓会のようなイベントに、カメラが密着していました。

そこで、印象に残った言葉があります。元管理職だった銀行員のこんなセリフです。

「混乱の中で、過去と決別して新しい自分を見つけようと懸命にもがき続けた人は、その後、経験を活かして事業再生のコンサルタントになったり、マナー講師として起業したりと、新天地でそれなりに活躍しています。一方、最後まで長銀ブランドや肩書きにしがみついた人は、今でも苦しんでいる人が多い」

億を稼ぐような人は、希望と恐怖を上手に使い分けています。

決して、希望だけを持つ楽天家ではないのです。

希望を持つことで自分を奮い立たせて、恐怖によって過去や栄光にしがみつこうとする自分を戒めているわけです。

危機感を抱けない人のための「特効策」

最近、日本では会社員の年収が上がらないことが問題になっています。

たしかに、世界の国々と比べると、年収にほとんど変化が見られません。税収は増える一方ですから、むしろ手取りのお金は減っています。

これを、単に国や企業の責任してしまうのは早計です。論議も、そこで終わってしまいます。

私は20年経営者をしていますが、弊社の社員は年収がずっと右肩上がりで増え続けています。20代で年収が1000万近くの社員もいます。

ベンチャー企業だから当たり前だ、と言ってしまえばそれまでですが、そこには明確な意識の差もあると感じています。

それが、**「危機意識」の違い**です。

あなたが危機意識を持って仕事に取り組んでいなければ、正直、年収が上がり続けることはありません。

年功序列のシステムが完全に崩壊した今、なぜ、企業側が年収を上げないのか。それは、社員が辞めてしまうリスクがないからです。

あなたが辞表を出して、他の会社に引き抜かれてしまうなら、ポジションと同時に一番評価がわかりやすい年収というかたちで、あなたを引き留めます。

もちろん、あなたにも会社に貢献する価値が必要です。

つまり、**企業側はもちろん、あなた側にも危機感や価値貢献の意識が必要となります。**

会社に求めるばかりで、自分は成長もせず、危機意識もない。不平不満ばかりだが、退社するかと思えばしがみつくばかりで離れない。

もしあなたが、オーナー経営者なら、そんな社員の給与を上げようと思いますか。いや、思わないはずです。

もし、危機感を抱いたのなら、今からこれを行動に変えることを強くお勧めします。

年収1億円へのステップ⑱

希望を持ちすぎず、危機感と友達になろう

第5章

年収2000万円の壁を越えろ！

――どんな目標も確実にクリアできる「3つの方法」

年収2000万円の壁 01

小金持ちどまり

＝

最初から崇高な目標を立てる

大金持ち

＝

最初は、自分の欲望を第一に考える

年収1億円へのステップ⑲

「お金の価値」とは生きる選択肢が増えること

いよいよ次の第6章から、1億円プレイヤーになるためにより具体的な方法を述べていきます。その前に本章では、あなたが「目標を実現する力」があるかどうかを見極めたいと思います。

年収1億円を達成する人は、とにかく目標達成力が高い。その秘訣を探っていきます。目標達成力のない人は「小金持ち」で終わってしまいます。

「年収2000万円の壁」をぜひ乗り越えて、次のステージに進みましょう。

自分が成功していなければ、誰も助けられない

私の身の回りの年収1億円を手にした人たちを見渡しても、一時期、大きく羽目を外したり、自分の地位や名誉に溺れてしまったりします。

私もそうでした。

モチベーションの動機は結局のところ、野心、欲望、生存欲求。むしろ、最初はそうであってかまわないと思います。

最初から「崇高な目標」を持つ必要はありません。

一時期、社会起業家がブームになりました。

お金や自分のためではなく、世のため人のために起業をする。とても素晴らしい高い志と理念です。

その考え方は、間違っていません。ですが、実際のところ、お金がなければ継続できませんし、行動を続けて世の中や人のために貢献していけません。

自分が成功していなければ、長期にわたる自立した支援もできません。

航空事故や海難事故の際、人命救助のルールは、「自分の安全を第一に確保する」です。自分より相手を優先しても、結局、冷静な行動がとれずに、双方の身が危険になります。

つまり、**自分がきちんと行動して結果を出す。その先に、より大きな目標を持つ。この順番が本当に大事になります。**

自分の成長に合わせて目標はどんどん変えていい

目標も、成果も、時間を追うごとにどんどん変わっていきます。それでいいと思います。

私自身、最初はお金や身の安全のため、次に虚栄心や会社規模のため、ついで社員や家族のため、と目的が変わっていきました。

今は社会や日本のために、子供たちの未来を明るくするために、地域格差や教育格差をなくすビジネスに挑戦しており、目標のスケールが一段と大きくなりました。10年前の自分では考えられないほどの変化です。

億を超えるお金を稼ぐようになると、「お金持ちになるだけでは満たされない。幸せには限界がある」とわかってきます。

私のまわりには、会社をバイアウトして数十億円の資産を手にした成功者がたくさんいます。どこで飲んでいても、送り迎えは毎晩ハイヤーです。

一生使えきれないほどのお金を持ちながら、どこか表情が浮かない人や、家族とうまくいっていない人もいます。

お金には、あればあるほど安心できる側面があります。「物質的な安心感」です。しかし、欲望も年齢とともに頭打ちになりますから、どこかでそれには限界がきます。

そのとき、どう方向転換ができるか、があなたが一生お金に愛されるか、そうでないかの分岐点になります。

資産が億を超えても、日常の生活は変わらないという人もいます。

実際、ある程度の安定した収入の入り口を作り、ビジネスの仕組みとして毎月一定額を稼げるようになると、それ以降は働かなくても、銀行口座のお金は増えるばかりで減ることがなくなります。

ビジネスの運転資金や生活費よりも、入金される金額のほうがはるかに多くなるからです。

この時点から、お金の価値は、感覚的にどんどん鈍っていきます。

「今、何に大金を使いますか」と尋ねられても、事業以外では、家具だったりパソコンだったり、ほぼ日常と変わらない返答しかできません。

すでに、お金を稼ぐことが特別ではなくなっているからです。

車も高給時計も一度買ってしまえば、浪費ぐぜのコレクターでない限り、数年は買い替える必要がありません。

読者の皆さんも今は、「欲望のままに、お金を稼いでやる」と思っていても、自分と向き合いながら前に進んでいけば、ゴールポストはどんどん変わっていきます。

いずれ、お金は自由の選択肢を広げる手段であり、稼ぐことが目的ではなくなります。

自分の人生の可能性を無限大にしてくれる、そのための手段です。

だから、安心して「お金を稼ぐ」と宣言してください。

「欲望！一発〜！」でエネルギーチャージ

本当の幸せは、人生の選択肢の多さで決まる。

ある心理学の論文で、そう読んだことがあります。

ローマ時代など、奴隷制度がまだあった頃、奴隷に選択肢はありませんでした。囚人も同じです。選択肢のない人生に、希望や幸福は見出せません。

ただ、最初からきれいごとばかり口にしていたら、お金を稼ぐモチベーションからどんどん離れてしまいます。

「高額なものを買いたい」「異性にもてたい」……。動機は何でもかまいません。まずは欲望のままに行動して、お金持ちのステージまで一気に走り抜けてください。

大金を稼ぐことは悪いことではないし、法に触れたり他人に迷惑をかけたりしなければ、欲望に素直になるのも、自分らしく生きるために必要なエネルギーチャージです。

CMにありました「ファイト！一発〜！」ならぬ、「欲望！一発〜！」です。

稼いだあとで、「お金を稼いでも幸せになれない」と気づいたら、そのときこそ、あなたが自由に選択できる権利が活きる番です。本当のゴールポストを探してください。

年収2000万円の壁 02

大金持ち
＝
1点集中で、「最初の勝ち」にとことんこだわる

小金持ちどまり
＝
あらゆることをマルチタスクで乗り越えようとする

年収1億円へのステップ⑳

失敗から学べることも多いが、「先手必勝」を第一に考える

マルチタスクというスキルが、ビジネス書を中心にブームとなりました。

しかし、よく考えてみてください。多くの手玉を操っているように見える曲芸師でも、実際にコントロールできるのは、手元のボールだけです。あとは、宙に浮かして、軌跡を目で追っているに過ぎません。

必ず成功する人は、多くの選択肢や事業から集中すべきことを見出して、そこに「一点集中」します。

多くの事業グループを持つゼネラルエレクトリック（GE）はかつて、巨大さと裏腹に不正会計などの不祥事を抱えて、毎年赤字計上していました。

このとき、「プロ経営者」として送り込まれたのがジャック・ウェルチでした。彼は「選択と集中」により、数百ある多くの事業から、今後投資すべき事業を数個に絞り、そこに人的リソースと資金を集中投下しました。

多くのリストラや、規模の縮小ともとれる大胆な判断から、当時メディアの批判を大々的に受けました。しかし、結果としてその判断が的中し、GEは大復活を遂げるのです。

多くの選択肢から、やるべきことを絞って一点集中する。これは赤字に陥った巨大企業を立て直す際に、プロの経営者が最初に行なう手法です。

あなたが結果を出そうと思ったならば、やることは1つ。**やるべきことに集中して、自分をしっかりとコントロールして、最後までやりきること。**

少なくとも、ビジネスやキャリアアップなどを通じて、目的を達成して、年収1億円に近づこうと思うなら、一点集中突破の決断が不可欠です。

なかなかお金を稼げない人は、集中してやるべきことをやる前に、早々に諦めてしまいます。

一方、成功する人はそう簡単には諦めません。失敗しながらも、そこから研究を重ねて、小さな成功体験を手に入れるまでやり続けます。

ビジネスや事業で成功して、こういう結果が欲しい。そう思ったら、最初の小さな成功をいつ手にするかが大切になります。

遊んでいる時間も、寝ている時間も、そのことを考え続けるぐらいに集中してください。

また、「撤退ラインを設けなければ、リスクが大きい」と言う人がいます。

しかし、それも私は間違っていると思います。

そもそも、ビジネスで資産を築こうとするならば、それ自体がすでにリスクある行為です。

投資を行なうことを、別名「リスクオン」と言います。何かに時間や身銭を切って投資するということ＝リスクなのです。

このリスクを限りなくゼロにする方法は、成功を手にするまで諦めずにコツコツ続けることです。

もちろん、ただがむしゃらに前に突き進むだけでは駄目です。勉強して、それを実際に試しながら、軌道修正しつつ前に進みます。

最初が最もリスクが高い

「大きな夢や目標の達成は、小さな行動の積み重ねで決まる」

第1章で述べた通り、年収1億円を手に入れた人たちの共通点は、成功していない人たちが嫌がるような「小さな行動」を、確実に実行に移す習慣を身につけていることです。

成果以上に、一歩一歩に焦点が当たっていれば、落ち込むだけでは終わりません。成功する人、夢や目標を実現すると100%決めている人は、すべての出来事が成功の材料に見えます。

とくに大切なのが、ラッキーでもいいので、なるべく早く「最初の成功」を手に入れることです。

ユニクロの柳井正会長の著書『一勝九敗』(新潮文庫)を知っていますか?

とても良い本ですが、ここに書かれている内容をすべて鵜呑みにしてしまうと危険です。

「失敗しても、最後の最後に成功すればいいじゃないか」

そう反論する声も、聞こえてきそうです。

もちろん、諦めないことは重要です。9回続けて失敗しても、「最後に大勝して成功すれば、終わり良ければすべて良し」となります。

ただ、ここでいう1勝9敗を、文字通り真《ま》に受けてしまうと、成功するための最大ルールを無視することになります。

それは、ここまで繰り返し伝えてきた、「最初の勝ちを手に入れるまで」のスピードにとことんこだわれ、です。

ビジネスも起業でも、「最初の失敗」は最もリスクが大きく、ある程度の規模を手に入れてからの失敗は、経験・分散によるバランスが働くためリカバーしやすくなります。

私の知る限り、**1億円を超える年収を手に入れた人は、経営者であれ投資家であれ、「最初の勝ち」に集中して、自分の行動を研究し尽くしています。**

たとえば、先ほど紹介したユニクロの柳井会長が、創業時に1勝9敗の精神で、最初から次々と失敗を重ねていたかと言えば、それは違います。次々失敗していたのであれば、資金もショートし、部下も離れてしまい、今の事業発展はなかったかもしれません。

大企業だからこそ、海外拠点の撤退、新ブランドの実験的投入、役員人事など、失敗を積み重ねてもそこからリカバーできる余裕ができます。

皆さんもご存じのジャパネットたかたの高田明社長（当時）は、小さな町のカメラ店からのスタートでした。

私は仕事の関係で、佐世保にあるジャパネットたかた本社で、高田社長ご本人にお会いしたことがあります。そのとき、せっかく東京から来たんだからと、「長崎ちゃんぽん」をおごってもらいました。今振り返れば、とてもいい思いです。

そんな高田社長は、全国規模の事業に発展させるため、創業時は御用聞きをしたり、現スタイルの前身であるラジオCMをしたりと、明日倒産するかもしれないギリギリの予算の中で、必死に会社をやりくりしていたと語っています。

つまり、**最初の時期こそ、なんとしても1勝を手にすべく、集中してもがいていたわけです。**そのために、すべての時間と労力と運を、目の前の行動に注ぎ込む。

最初は撤退時期など決めずに、成功だけを信じて走り続けるべきなのです。

年収2000万円の壁 03

小金持ちどまり

＝

行動してもやりっぱなし

大金持ち

＝

分析に時間をかける

年収1億円へのステップ㉑

行動1に対して
分析1、改善2を意識する

私は無名にもかかわらずYouTubeを始めて1年半で20万人の登録者を達成しました。

今でこそ成功しているように見えるかもしれませんが、実際は何度も諦めそうになっています。最初に負けることを想定してスタートしていたら、正直、途中で心が折れていました。

ほとんどの人がYouTubeを始めても、思うように成功できないのは、その孤独さと、結果が出るまでの長さにあります。

私の場合、結果として目に見えたのが「登録者1000人」だったわけです。「1000人くらいで大袈裟な」と思われるかもしれませんが、それでも5か月かかりました。逆にそこからは、とんとん拍子に登録者が増えていきました。

その秘訣は40ページでも述べましたが、改めて「次の4つ」が成功の要因でした。

❶スタート時に一点集中したこと
❷成功するための条件を、先行するビジネス系Youtubeから全部洗い出したこと
❸撤退時期を設ける前に行動を続けたこと

❹行動と同じスピードで改善を続けたこと

成功するためにとりわけ大切なのが、「❷成功するための条件を、先行する『事例』から全部洗い出す」です。

すでに成功している事例は、最高の教科書です。YouTubeであれば、動画の構成、わかりやすい話し方、興味を引くキーコピー、ジャンルの選び方など、ありとあらゆる成功法則を学べます。

とくに大切なことは、最初は勝ちにこだわり、徹底して研究して模範すること。9割の成功者は、必ずそこから始めています。

改善のギアを上げよう

他人の真似、模倣といえども、改善や分析はたくさんすべきです。

ほとんどの人が改善の量が少なすぎます。**スタート時には行動1に対して、分析1、改善2ぐらいの割合がちょうどいいです。**

改善に時間をかけすぎる必要はありません。

行動しながら、うまくいかなかった分析をメモにまとめて振り返ってみる。先輩にアドバイスを求める。メモを手に書店で答え探しをしてみる。

とくに行動しながら、改善のヒントを書店で探すのは有効で、私がよくやる手法です。メモに書いた関連ワードを検索してヒットした記事や動画を見る。同じように、ピンポイントで知りたいセミナーに参加して、改善のヒントを探すのも良いでしょう。

このように徹底的に分析した中から2つ3つの改善方法を洗い出し、さらに行動につなげていくわけです。

これが、年収1億円を手にする人のPDCAサイクルです。

気づいてほしいのが、**聞きたいこと、調べたいことが、常に明確だと、その後の改善も「改善行動」になる点です。**

目的や輪郭がぼやけたままだと、再びインプット地獄に戻ってしまいます。

成功する人は、
聞きたいことや調べたいことが明確

目的意識のある人の解釈		目的意識のない人の解釈
成功のための アクション	**行動**	ただの 自己満足
成功のための 答え合わせ （書店、セミナー、ネットリサーチ）	**検証**	思い出に浸る だけの作業
成功のための 比較・アクション	**改善**	終わりの見えない インプット

一見、両者は同じであり、投資している時間や活動量も同じです。しかし、中身は全然違います。

本章で紹介した「3つの壁」は、本当の意味でお金持ちになるために、とくに重要な部分です。意味が深く理解できるまで、繰り返して読み直してみることをお勧めします。

第6章

お金持ちは、なぜ仕事が速いのか？

――すぐやる人になれる「7つの習慣」

すぐやる習慣術 01

1／100プランニング
——成功する人が必ずやっているマイクロアクション

なかなか行動できないという人は、マイクロアクションを大事にしてください。

「一つひとつ、小さく積み重ねていく」。その重要性については、すでに本書では触れてきました。

そのたびに、何が駄目だったかを見つけて、そこからまた一つひとつ改善して、前進していきます。では、具体的に何をやればいいのか——。

私が実際に行なっている、行動するためのコツが**1／100プランニング**です。

なかなか着手点が見つけられずに行動できない人には、行動を100個に分解してプランニングしてみてください。

巨大なプロジェクトを目の前にすると、先が見えないプロセスに途方に暮れてしまったり、どこから手をつけていいかわからずに、動きそのものが止まってしまうことが

「1/100プランニング」のイメージ

■巨大なタスクは100に分割(100未満でもOK)

■今日やる「行動」を決める

その日にやることが明確だから

多々あります。

そうしたとき、意識してもらいたいのが1００分の1に着手点（行動）を分解して、目標までのマイルストーンを考えることです。

まずは、最初の行動の着手点を見つけること。一歩一歩、前に進んでいるイメージができること。この2つをとくに重視します。

もちろん、「あなたのプロジェクトをすべて1００通りに分解しろ」と言っているわけではありません。要は、そうした意識で、毎日着手できるポイントを見つけて取り組むことを優先します。

スケールによっては、20個や30個でもいいわけです。

行動を起こせば、誰でも少なからず成長していきます。

成長すれば、同じ時間でやれることが増えます（これが、本当の意味での生産性の向上だと私は思います）。

成長の実感をゲームのように楽しむ。1／100プランニングなら、それが可能です。この感覚をどうか忘れないでください。

高速で集中力を上げるコツ

1／100プランニングを行なうメリットをもう1つ挙げておきます。

それは、**誰でも集中力が上げやすくなること**です。

手っ取り早く集中力を上げたいなら、今この瞬間に重きを置く必要があります。

ただ、多くの人が、年末年始に1年間の目標だけを立てます。

もちろん、俯瞰して人生を考える場合、1年のスタートはタイミング的にはちょうどいいでしょう。

一方で、長期にわたる目標は、人生の羅針盤にはなりますが、まだまだ時間が無限にあるように感じてしまい、今日という一日をおろそかにしてしまうデメリットもあります。

そうではなく、**今日一日に徹底してフォーカスしましょう。**今日の可能性を、どれだけ引き出せるかを考えてみるのです。

その一日一日の積み重ねが、長期にわたる目標達成につながります。

この❶長期でなく1日にフォーカスする、❷1日ごとに徹底して目標管理する、この2つで集中力も爆上がりします。

実際、脳科学的にも1つの目標を達成すると、「目標達成ホルモン」と呼ばれるドーパミンが分泌されて、モチベーションが切れる前に次の行動に移せます。

そのためにも、まずは「1／100プランニング」に取り組んでください。

手っ取り早いのは、今日一日の目標を決めることです。

今日一日で「営業の資料を完成する」「テレアポをする」といったゴールを設定し、結果が出ている自分のイメージが鮮明に頭に浮かんだら、あなたの成功の確率は格段に上がるはずです。

その際に、**❶目標数字と❷「はじめ」と「おわり」の期日の、2つを行動設定してみるとよいでしょう。**

「この営業資料を今日中に20ページ完成させる」「午前中に完成、15時までに上司に確認を取る」「終業17時までに全ページの修正を行なう」

このように着手点のイメージと、❶数字と❷期日のプランニングができるようになれば、行動力は格段にレベルアップしていくはずです。

最先端の脳科学が明らかにする「やる気の構造」

実際、これらのことは科学的にも有効性が証明されています。

最先端の脳科学では、脳神経のエネルギーは前頭前野が支配しているとされています。

そして、前頭前野は過去の経験から、イメージだけで「できる」「できない」を判断します。

たとえば、腕立て伏せをしているときに、「もう無理だ!」「これ以上はできない!」と思ったとしても、隣でインストラクターに「**あと1回やれば30回ですよ**」と、数値とゴールの2つをイメージしやすいように言われると、不思議とやる気が湧いてきませんか。

同じケースでも、「あと1回を100回やれば、目標の1万回ですよ！」と言われては、全身の力がふにゃふにゃと抜けてしまいます。

結果的に、トレーニングをやめてしまうかもしれません。

たった1回。そのイメージを提示されただけで、「そうか。じゃあもう少し頑張ってみようか」となるから、私たちの脳は不思議です。

人間は「遠い目標」より、「あと少しで達成可能な数字」と「ゴール」という2つのイメージがあったほうが、エネルギーが湧き上がり、行動を継続できるのです。

年収1億円へのステップ㉒

小さなステップを積み重ねて、やる気を継続させる

すぐやる習慣術 02

ご褒美効果

――「作業興奮」を利用して集中力アップ！

脳神経のやる気や血流には、ドーパミンと呼ばれる神経伝達物質が深く関係しています。しかし、そのメカニズムは解明されていませんでした。

ところが最近、側坐核という部位の実験において、ドーパミンの刺激により神経細胞の興奮が高まり、「行動」を促進できることが、藤田医科大の研究グループによって明らかにされました。

この脳の報酬系システムを上手に活用するには、**常に達成感や高揚感などのドキドキを得られるように、こまめに「ご褒美」を与えることが重要です。**

行動と快感がやる気を生む

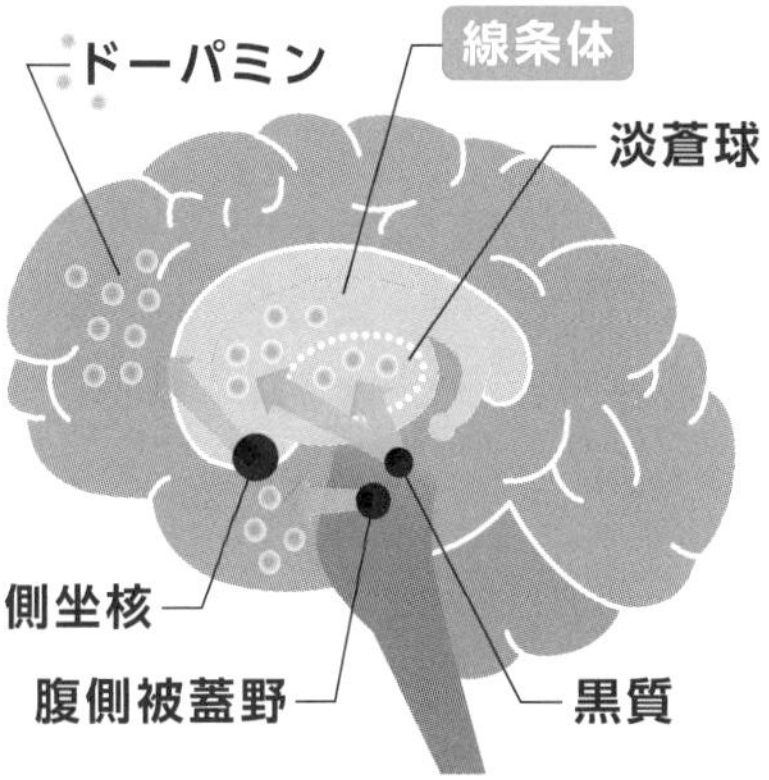

読者の多くが、「面倒だな」と敬遠していても、少しやってみたら気分が乗ってきて続けていた、という経験はあるでしょう。

興味深いことに、何も動かなければ人間の脳は高揚しません。何もやらずに、手帳に書かれたスケジュールを眺めるだけでやる気を放出するのは、かなり難しいものです。

一方、最初の着手点に向けて少し体を動かしてみると、手足の動きや視界から脳に刺激が入ってきます。すると、脳の側坐核が反応して、神経伝達物質の1つであるアセチルコリンという成分が分泌され始めます。

この**アセチルコリンには、人を積極的にさせたり、集中力を高めさせる作用があります。**結果として、少し行動するだけで、やる気が引き起こされます。

脳科学の分野では、これを「作業興奮」と呼びます。

「1秒ルール」(48ページ)も、「1/100プランニング」(146ページ)も、これを応用した方法に過ぎないのです。

つまり、「手帳を使って細かく時間を区切る」「やる気が出るまでスケジュールを練る」という考えは、順番が間違っているわけです。

物事は、スタートの仕方を一番に考える。そして、このハードルを下げることが何より大切です。

なかなかやる気が出ないときこそ、時間でなく行動の細分化による作業興奮や、すでに本書で紹介した「1秒ルール」を試してみましょう。

「集中」とは切り捨てること

これは、集中力も同じです。

中心に集めるという字のごとく、集中とはバラバラになったピースを1つにまとめることです。ぼやっとした輪郭の散らかったピースを、1か所にまとめることだと考えています。

このように、集中力とは、やるべき行動を決めて、それ以外のものを切り捨てることです。

「とりあえず英語の音読をしよう」とか「ひとまず、やることがないから営業先を当たろう」と始めても、なかなか集中できないものです。

それより、「今日はこの10ページまで終わらせる」「今日中に50件当たって3つアポ取る」と目標を明確にして、**❶「行動すべきこと」、❷「終わらせること」の2つが決まっている状態がベストです。**

集中する状態とは、この❶❷どちらをも選ぶことです。

大切なことなので、もう一度言います。この瞬間、具体的かつ明確な「集中する対象物」を選択して、それ以外を一度、すぱっと頭から切り離す。

年収が高く、ハイパフォーマンスの仕事ができる人は、この「集中すること」「集中しないこと」のオンオフを明確に決めています。

だからこそ、集中力が持続しやすく、アウトプットの効率がよいわけです。

年収1億円へのステップ㉓

脳にこまめに達成感を味わわせよう

すぐやる習慣術 03

ゴール妄想

——「一日の終わり」をイメージしてから始業する

ここで、私が実際に「集中力」を高めるために取り入れていて、誰にでも実践できる方法を紹介します。

まずは、**朝起きたら「一日の終わり」をイメージする**ことです。

具体的な方法としては、一日の最後に今日を振り返って、ノートなどにその日の反省を記録します。

ちなみに、私は20歳の頃から20年間、方眼ノートに日記を書いています。内容は、主に反省と改善点の記録です。

すると、**朝起きてすぐに、一日の最後を自然とイメージするようになりました。**

「○○を終わらせられなかった。事前準備が甘い」「YouTubeでこう話せばよかった。次は気をつけよう」など、今日はどんなことをノートに書き留めようか想像を膨らませてから行動するようになりました。

つまり、一日の締めくくりから、逆算して、アプトプットができるようになったのです。これは、誰でも真似できる究極の逆算思考だと思います。

もし、毎日行なうのが大変なら、週1でもいいでしょう（お勧めは毎日です。本気で成功したいならぜひ）。

ただダラダラと仕事をしているよりも、「今週1週間をこうフィニッシュする。そのために、これをやっているのだ」と明確にイメージできる状態になれば、やはり脳のパフォーマンスも上がり、ゴールに向かって集中力が続きます。

年収1億円へのステップ㉔

「一日の終わり」のイメージを紙に書き、今日集中しなければならないことの輪郭を捉える

すぐやる習慣術 04

誘惑結界
——集中を乱す「魔のコーヒータイム」に注意！

携帯電話や雑誌など、**集中力を阻害するものを近くに置かないことも重要です。**

コーヒータイムも要注意です。

コーヒーも自由に飲んでいけないのか。

そう思うかもしれません。ただ、厳しいようですが、仕事への集中力より嗜好品を優先しているうちは、絶対に年収1億円を手にする人にはなれません。

集中力とは、目の前に全神経を向けること。そして、他のものを削ぎ落すことです。その時間だけは、集中を選択して、たとえ些細なことであっても、ほかを排除することだとお話ししました。

たとえば、**スマートフォンなどのアプリがピコッとなるだけで、人の集中力は90％落ちることがわかっています。**

そこから、元の状態に戻すのに、さらに30分以上の時間が必要になります。あるいは、他の誘惑に駆られてそのまま作業を中断してしまうかもしれません。

たった1つの別の作業や別の誘惑が、人生すべてに換算して、いったいどれほどのロスを生み出すでしょうか。

ここで念を押しておきたいのは、本当に喉《のど》が渇いているのであれば、別に飲んでもかまいません。

ただ、そうでなければ、集中を優先すべきです。

コーヒーはいつでも飲めますが、人が一日に集中できる時間は限られます。

休憩や打ち合わせの時間にいくらでも飲めます。それこそ、誰も止めなければ、お腹一杯飲めるでしょう。

集中力をわざわざ途切らす＝自分に甘えていないか、行動を確認すべきだということです。

勝負の1時間半

私は、朝5時に起きてからの1時間半を本や論文の執筆にあてています。この1時間半は、コーヒーで席を立つことより、目の前の原稿を優先します。

午前は投資家、午後は経営者、夕方からはユーチューバーとして活動している私にとって、それ以外の時間で執筆の時間を捻出することは難しいからです。

ただ、これはあなたも同じです。

むしろ会社員のほうが、一日で集中すべき時間は限られます。何か成し遂げたいことがあるのに、その時間を失う人生の損失は、計り知れません。

しかし、そういうことを知らずに、本来であればもっと集中すべき時間に、日頃の習慣からわざわざコーヒーのためだけに繰り返し席を立つ人が大勢います。

集中している1時間は、他のどんな「時間」より、黄金《おうごん》を生み出す価値ある時間です。飲み物を飲んだり、立ち上がって雑談したりする時間すら惜しいと考えましょう。

人生のゴールデンタイムに、わざわざコーヒーを飲まなくても死にはしません。あとで、死ぬほど飲めばいいのです。

少し厳しいと感じた人もいるかもしれませんが、本書のテーマは「年収1億円を手にする人になる」です。そう思えば、他人が休んでいるあいだこそ、何をするかが大事になります。

決めたことを、脇目も振らずに取り組む。

その集中した時間の集大成こそが、未来のあなたの姿に変わっていきます。

年収1億円へのステップ㉕

大事な作業のときは、目の前に集中して席も立たない

すぐやる習慣術 05

気配りリーダーシップ

――できるリーダーは、相手の痛みを受信する

読者の中には、組織のリーダーとして活躍する人もいるでしょう。

大きな仕事をスピーディーに進めるために組織やチームを束ねていくには、リーダーシップが必要です。

誤解される前に言っておくと、強いリーダーになる必要はありません。

私が知っている億を超えた成功者は皆、気配りのできるリーダーシップの持ち主です。

皆さんが、もしパートナーとチーム、あるいは社員を雇って組織を作り、チームオーナーとなることを意識するのであれば、忘れてほしくないことがあります。

「感謝の気持ち」です。

当たり前じゃないか、などと思わないでください。

リーダーとして慢心すると、自分は何でもできる、すべてを支配している、といった「全能感」に陥りがちになります。

全能感はやっかいです。持った瞬間から、人格が変わったり、他人を見下したりするようになるからです。そうして、転落していった友人の経営者や投資家を、私は何人も見てきました。

あれほど勉強熱心だった若手の経営者が、ぴたりと学ぶことをやめてしまう。昼間、部下を罵倒しては、夜な夜な運転手付きのハイヤーでおおっぴらに銀座の高級クラブを飲み歩く。

自己効力感を持つことは、非常に素晴らしいことです。しかし、ここで紹介した全能感は、少しニュアンスが違います。

成功の体験すべてを自分の手柄として、自分の思うままにコントロールできる、と考えてしまうのは大きな勘違いです。

独裁国家の独裁者のように発言するようになると、周囲からどんどん人が離れてしまいます。運は、人が運んでくるものです。やがては信用も失ってしまうでしょう。

「気配り、目配り、心配り」

安定して高収入を稼ぎ続ける人は、周囲への感謝を決して忘れません。

以前、ちゃんこ鍋を囲んだりと親しくさせていただいた、当時、最年少で東証一部上場を果たしたネクシィーズ近藤太香巳《たかみ》社長は、人とのコミュニケーションについて、このようにおっしゃっています。

「部下や周囲に対する気配り、目配り、心配り、この3つができる人こそ一流だ」

その言葉は、今でも私のコミュニケーションの礎になっています。

こういうことを言えば、相手が傷つくだろう。
こういう態度をとれば、部下が恐れるだろう。
この部分だけは笑いにしてはいけない。

とくに、**リーダーが持つべきものは「感度」です。相手の痛みを「受信する力」と言ってもいいでしょう。**

もちろん、リーダーであれば、壁になって部下の退路を塞いだり、相手を厳しく叱るシーンも必要です。

普段は温和な人柄と言われる私でも、社員には厳しく接することがあります。叱るならば、相手のことを真剣に思った態度でなければなりません。

相手の成長を望んだ発言であれば、厳しさの中にもブレのない信念があるはずです。

リーダーになったら心理学を学べ

一時期、多くの社員が同時に退社したことがありました。
部下との接し方に悩んだこともあり、部下にはあまり叱らないほうがいいのでは、と思ったこともあります。

しかし、今は違います。
少なくとも、今の私の手帳には、社員たちとのコミュニケーションの原理原則が、こう書かれています。

「部下の成長を、諦めない。部下に影響を与えることを、迷わない」

相手の成長を願う自分にならなければ、部下の反応にいちいち戸惑ったり、辞めてしまわないかと脅えるだけです。
身勝手な厳しさと、相手を想っての厳しさは、全然違います。

27歳で起業した自分が経営者として20年間もやってこられたのは、すべて社員やパートスタッフのおかげです。

仲間がいなければ、リーダーなど務まりません。相手がいて、自分が存在できるわけです。

当たり前だからこそ忘れがちな、感謝の気持ちを忘れないようにしてください。

なお、相手の表情やしぐさ、あるいは言葉の端々から感情の変化を的確に読み取るには、対人関係やリーダーシップの本を読むよりも、心理学を学ぶと良いでしょう。

結局、人と人のコミュニケーションなわけですから、相手の心を尊重して、話を聞き指示をすることが重要になります。

年収1億

年収1億円へのステップ㉖
常に謙虚に。叱るときには相手を想って

すぐやる習慣術 06

衝動モチベーション

――報酬ではなく、心地よいイメージを示す

部下やチームのメンバーには、報酬をコミッションとして与えていればいい。

そう思ってしまうリーダーは多いものです。ただ、それだけだと、どこかでチーム内に歪みができてしまいます。不公平な感情が渦巻いたり、互いに足の引っ張り合いが始まります。

また、景気が上向いているときは良くても、悪いときに組織全体がバラバラになってしまいます。

理由は明白です。**お金や地位だけでコミュニケーションをとろうとしてしまうからです。**

組織内の幹になる部分には、何のためにこの会社で働くのか、事業やチームがどこに向かうのか、自分の成長につながるのか、といった将来のヴィジョンを示すことが絶対に必要です。

もちろん、壮大なヴィジョンでなくてもかまいません。

スタッフ数名の花屋さんなら、大切な人に花を通じて思いを伝えるお店でありたい。小さな飲食店なら、地域の笑顔と食の安全に貢献するチームでありたい、などです。オーナーなりの達成したい夢や、チーム一人ひとりに期待していることがあるはずです。

数年先のヴィジョンを語り、その実現のために、お客さんにどう喜んでもらいたいか。地域や日本をどう変えたいか。それを言葉にして語るだけでも、チームに大きな幹が出来上がり、あなたの情熱が浸透していきます。

何より、**言葉にすることで、あなたの行動力も高まっていく**はずです。

ヴィジョンは紙に書いて示す

リーダーを目指さない読者の人でも、まずは**自分の目標やヴィジョンを紙に書いて、周囲にシェアしてみてください。**

恥ずかしがる必要はありません。相手からすると、まっすぐで、魅力的に見えるはずです。

「**制服効果**」という心理効果を知っていますか？ 見た目や言葉が変わると、それにふさわしい性格や行動をするようになる、というものです。

脳科学的に考えると、見た目や動きを捉え、それを現実化しようと脳が指令を出している状態だと言えます。あなたのイメージに近づくことを「心地よい」と感じ始めている証拠です。

「脳を騙す」というと、少し大げさに聞こえるかもしれません。しかし、効果は期待できます。

これと似たようなケースで、「看守と囚人」の実験が有名です。被験者をそれぞれ看守と囚人の2グループに分けて、その動向を観察した実験です。しかし、この実験はわずか数日で中止となりました。看守役の被験者グループが、徐々に横柄で攻撃的な態度になり、囚人に暴力を働くようになったためです。

このように、人の脳というのは、自分に都合良くプログラムを書き換えることで、良くも悪くも架空のイメージを現実しようとしてしまうものなのです。

この脳の働きを利用して、さらにプラスの行動に変えるのが、「衝動」を利用する方法です。**「衝動モチベーション」**と私は呼んでいます。

自分の言動や見た目が変われば、それにふさわしい人間になろうと脳は勝手に動き始めます。その違和感や見た目との差を、現実に埋めようとします。

ただし、そのためには、**「そのイメージこそが現実で心地よい」と、あなたが信じ込まなければいけません。**

たとえば、年収1億円になりたいと思えば、計画を紙に書いて、達成したい自分を五感でイメージすることです。

1億円では壮大すぎて恥ずかしい。そう思う人は、金額はひとまず置いて、年収１０

00万円を手にした自分や、お店など起業の成功やゴールイメージを紙に書いてみてください。

私であれば、年収1億円を手に入れたことを想定して、まだ買う予定のない高級住宅地の分譲マンションや高級家具を頭の中に思い描いたこともありました。

それを手にした自分が心地よいと思えば、ふさわしい自分になろうと脳が「錯覚」を始めて、「衝動」によって行動し始めます。

すぐに行動に移せない人は、この衝動を利用してみたらどうでしょう。

年収1億円へのステップ㉗

なりたい自分を絵にしてみる

すぐやる習慣術 07

本物パワー

——内側からこみ上げてくる衝動的なエネルギーを行動に変える

内側から湧き上がってくる衝動的なエネルギーを高めるには、手に入れたい実物を見たり、憧れる風景を見たいと切望したり、尊敬する人に実際に会いに行くのが良いでしょう。

私のまわりの年収1億円を手に入れた人の9割が紙に自分の目標や夢を書いたり、将来成功したら手に入れたい大きな家や旅行先の風景、目指している経営者の写真などを見えるところに貼ったりしています。

大リーグで活躍する大谷翔平選手やサッカー元日本代表の中村俊輔氏など、一流のスポーツ選手も、小さい頃から同じやり方で衝動を駆り立てて、スターになっています。

実際、私は27歳のときに、仕事で数億円するマンションのモデルルームを見学した機会がありました。

当時は、それほど気が進まなかったと記憶しています。ただ、この何気ない出来事が、文字通り私の人生を激変させました。

ちなみに、皆さんは数億円のモデルルームを見たことがありますか?

30畳のリビングルームの広さはもちろん、私が衝撃を受けたのは部屋のエントランスです。大理石が敷き詰められたロビーだけで、当時私が住んでいたアパート一室分はありました。

さらに、映画のワンシーンのようなウォークインクローゼット。リビングを入ってすぐの目の前の壁には、金粉が張られた、迫力ある一筆書きの絵画が飾られています。その奥が、ダイニングルームです。高級家具がインテリアデザイナーによってコーディネートされ、マーブル調の大理石テーブルの上には、銀の食器が美しく飾られています。

私はこのとき、ガツンと頭を砕かれた気分になりました。

あの光景が、ずっと忘れられずに記憶に残っています。映画でなく、現実にこんな世界があるんだ、と。

このときの衝動が、ずっと私を駆り立て続けてくれました。

背中に羽をつけて即行動する人間になれ

私は必ず成功する人、年収1億円を手にする人は、自分の可能性を無限大にする、行動そのものが速い人なんだとつくづく強く感じます。

ここまで、すぐやるための習慣術を紹介してきましたが、残念なことに9割の人が、この話を聞いて「ああ、よくある話か」と感じて、実際に行動に移すことはしません。

一方、年収1億円を手にする人は、良いと聞けば、やるだけやってみよう、となります。

衝動の力もそうですが、**成功するためには、小さなことでも試して、成功を手に入れようとする、「フットワークの軽さ」にも着目しなければなりません。**

1億円を手にしたい理由とともに紙とペンで目標を書く、と聞いて、「じゃあ、やってみようか」と即行動できるかどうかです。

このフットワークの軽さが、衝動を味方にできる人と、そうでない人の違いです。

もちろん、私の手帳にも、人生で達成したい目標や社員との関わり方、目標とする人物の写真が貼られています。

なかなか行動に移せない、という人は、ぜひ衝動の力を手に入れてみてください。あなたが変わる一歩になるはずです。

年収1億円へのステップ㉘

本章で紹介した「年収1億円へのステップ」を今すぐ実践する

Column

年収1億円を手にする人のインプット活用術

ここまで、私はアウトプットが重要だと話してきました。しかし、インプットを軽視しているわけではありません。

私は毎朝、5時から6時までの1時間を、ニュースメディアや新聞からの情報収集にあてています。**朝のインプット作業は極力ルーティーンにしたほうがいいでしょう。**

私の場合はまず、デジタル版の「日経新聞」の気になる情報だけザッと目を通します。

業界の最新情報やビジネスについては、「ニューズピックス」や「ダイヤモンド・シグナル」をよく読みます。

Column

最近は多忙すぎて、本を読む時間はだいぶ減りましたが、それでも以前は2日に1冊は本を読むことで、インプットのペースをつかんできました。

そのとき積み上げたデータベースが、情報の取捨選択をはじめ、実業家や投資家としての決断や状況判断に活かされています。

結局、決断も判断も、過去の経験やインプットによるデータベースから、最も確率の高い選択肢を選ぶ行為です。そう考えると、インプットしたデータ量が精度を左右します。

ただ、ここで誤解してほしくないのは、**❶行動からもインプットできること、❷インプットを行動につなげなければ役に立たない**、という2点です。

とくに❶行動からもインプットできる、が重要です。

行動しながら、すでに紹介した検証と改善をしていれば、インプットの量はおのずと増えていきます。

行動に軸足を置いてインプットすれば、次のアクションを想定した情報収集ができます。新たな学びを次々行動に変えていくことができます。

ノウハウマスターが成功できない理由

インプットだけでは、お金を稼ぐことはできません。

年収1億円を手に入れた人は、インプットは「行動のための燃料」だと考えます。インプットだけでは、主役にはなれないのです。

「億を稼ぐために一番大切なことは何ですか?」とよく聞かれます。

もちろん答えは、行動です。**稼ぐためのスキルとは、情報やノウハウを行動に変えること**です。

知っていても、チャレンジしなければ成功は手に入りません。結局、1億円を手にする人との差は、ここに尽きます。

Column

とっておきの情報を知っても、失敗を恐れてしまい行動できなければ意味がありません。

行動して、成功をつかみ取ろうとする人は、実際には1割程度です。100人いたら10人しかいません。一点集中の決断と覚悟と行動で、最後までやり遂げる人はさらに1割に絞られます。つまり、100人いたら1人しかいません。

残念ながら、これが現実的な数値です。

これだけ聞くと、成功するのは非常に効率が悪く、宝くじのように運だけの世界に聞こえるかもしれません。

しかし、100人に1人が成功できるということは、1000人いれば10人、1万人いれば100人の人が、行動すれば成功できる可能性を秘めているということです。

成功の基準も、人それぞれです。本書では担当編集に無理を言って、「年収1億円」をタイトルに入れてもらいました。ただ、半分の5000万円でも、成功者の部類には入れます。確率も単純計算で2倍です。

では、3000万円ではどうでしょう。

逆に、ほとんどの人が決断せず、一点突破で行動を継続しません。あなたがやるべきことをやるだけで、成功する確率が上がるわけです。

スキルやノウハウは多すぎても、かえって行動できなくなります。

不得意だったり、習得に時間がかかるスキルなどは、すでに持っている人に聞いたり、互いに弱点を補うかたちでパートナーや社員に担ってもらえばいいだけの話です。

全部を完璧にしてからスタートしようとしてはいけません。

それでは、人生が何度あっても足りませんし、ライバルがあなたのアイデアを、先に始めてしまう可能性もあります。

Column

私が会社経営をスタートしたとき、経営スキルも広告業界のコネも一切ありませんでした。

すべて20年かけて、行動しながらキャッチアップしたものです。行動すれば、雪だるまが坂道を転がり大きくなるように、必要なスキルや情報が集まってきます。

欠点は一つひとつ潰していけばいい

京セラを築き上げた稲盛和夫氏は、このように述べています。

『人生とは「今日一日」の積み重ねであり、「いま」の連続にほかなりません』『神が手を差し伸べたくなるぐらいにまでがんばれ』

実際、京都の小さな工場からスタートした稲盛和夫氏は、クライアントの無理難題をありがたく引き受けながら、つど工夫と改善を加えて、ファインセラミックという自社ブランドを大きく成長させてきました。

私の場合であれば、23歳からスタートした株式投資も、すべて独学です。株だけで5億円以上の資産を築けたのは、何もスキルがない中で、やれる部分をまず見つけて、25年かけて欠点を一つひとつ潰していったからです。

人生は限りがあります。すべての教養を身につけることは絶対に不可能です。

ではどうするか。ノウハウやスキルが仕事で必要になれば、そのつど勉強してキャッチアップするか、外部の人間に聞くか、できる人を雇うしかありません。

それだけで、行動を始める前の準備に数千時間を失われずにすみます。

今はプログラミングもデザインもフリーランスが多く、数年前の半分以下の金額で依頼できます。最初少額からスタートして、少しずつ改修を重ねて、理想のかたちにしたほうが合理的です。

Column

「ノウハウがない」「まだ早すぎる」「失敗するに決まっている」あなたは安易に、この3つの言葉を使ってはいませんか?

一般的に、1つのことをマスターするのに約1000時間かかると言われています。

その1000時間を、丸々、稼ぐための行動に使えれば、さらにお金は増えていきます。

行動が増えることで、お金が増えます。その逆はありません。

ここで言う稼ぐための行動とは、あなたの得意な分野を指します。あなたの付加価値を、あなたが不得意な分野で伸ばすのは非効率です。

得意な分野に絞って、その上に積み木を一つひとつ積み上げるように伸ばしてください。

第7章

お金持ちは、自分を疲弊させずに稼ぐプロ!

――最小努力でお金が増える「複利の法則」

複利の法則 01

毎日1%の努力

——お金持ちも複利の力を利用している

年収1億円を手にした人の資産の増え方は、複利そのものです。ビジネスも成長も投資も、複利が支配しています。

たとえば、小学校で数の数え方を1、2、3、4…と数えていきます。しかし、**1、2、4、8、16、32、64、128…と、複利で増えてくのがビジネスの世界です。**

複利効果は、そもそも資産運用でよく使われる言葉です。

投資で得た収益を、元本にプラスして再び投資する。この繰り返しにより利益が利益を生み出すことで、時間が経つにつれて、増えるスピードが急速に増していきます。

投資の神様と言われるウォーレン・バフェットは、10代から投資を始めています。なのに、現在の9割の資産を60歳超えてから手にしているのも、複利の効果を味方につけ

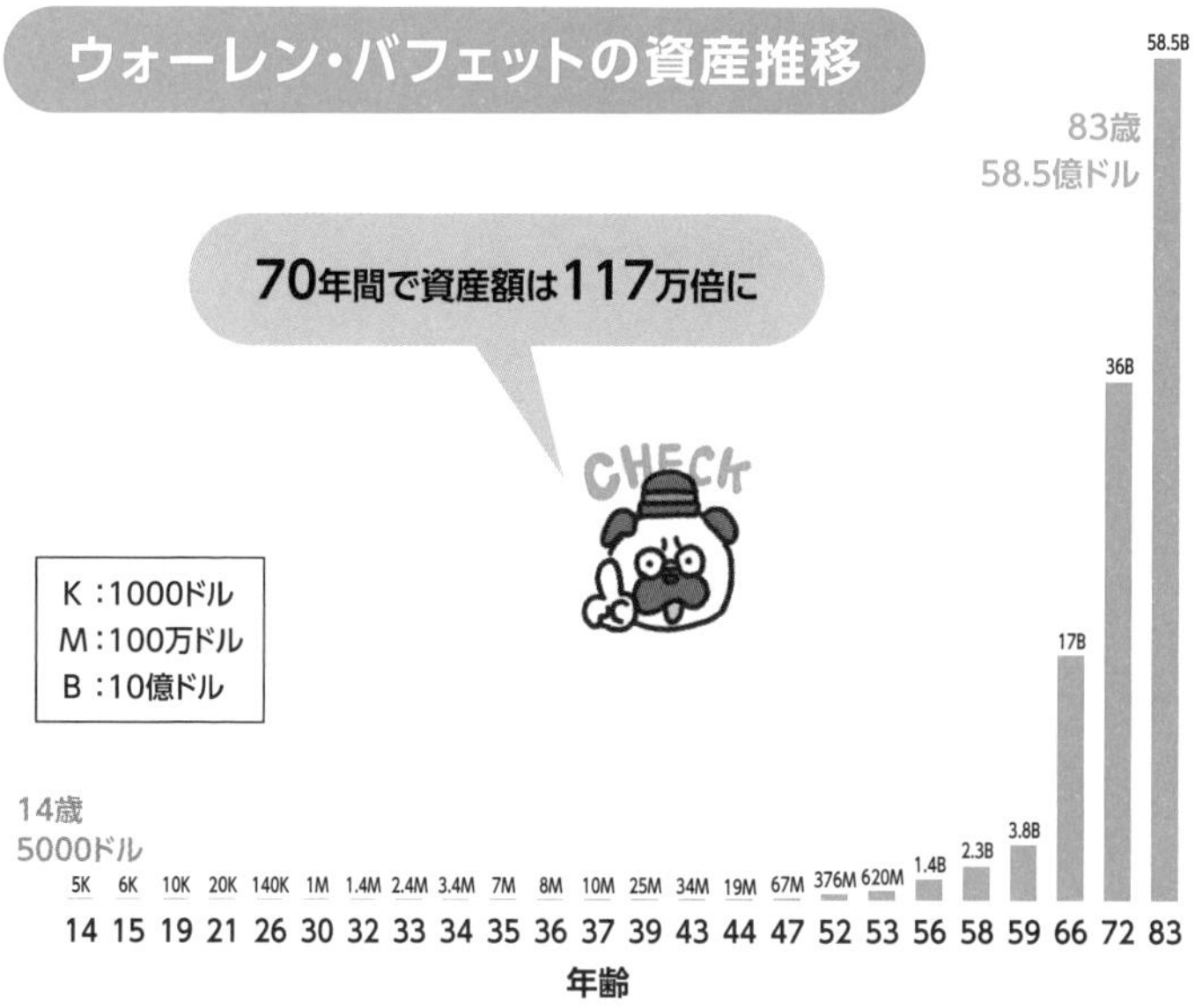

たからです。

このように、資産運用をするうえで、心強い味方になってくれるのが複利です。

これは、私たちの成長も同じです。

お金持ちになるというのは、普段の思考や行動の積み重ねによってもたらされます。日頃の行動の結果として、1年後に複利の効果が働いて、さらに年齢を追うごとに、どんどん成長のスピードは速くなります。

たとえば、「毎日1%の成長を1年続ける」と「1年後に何倍になる」と思いますか。

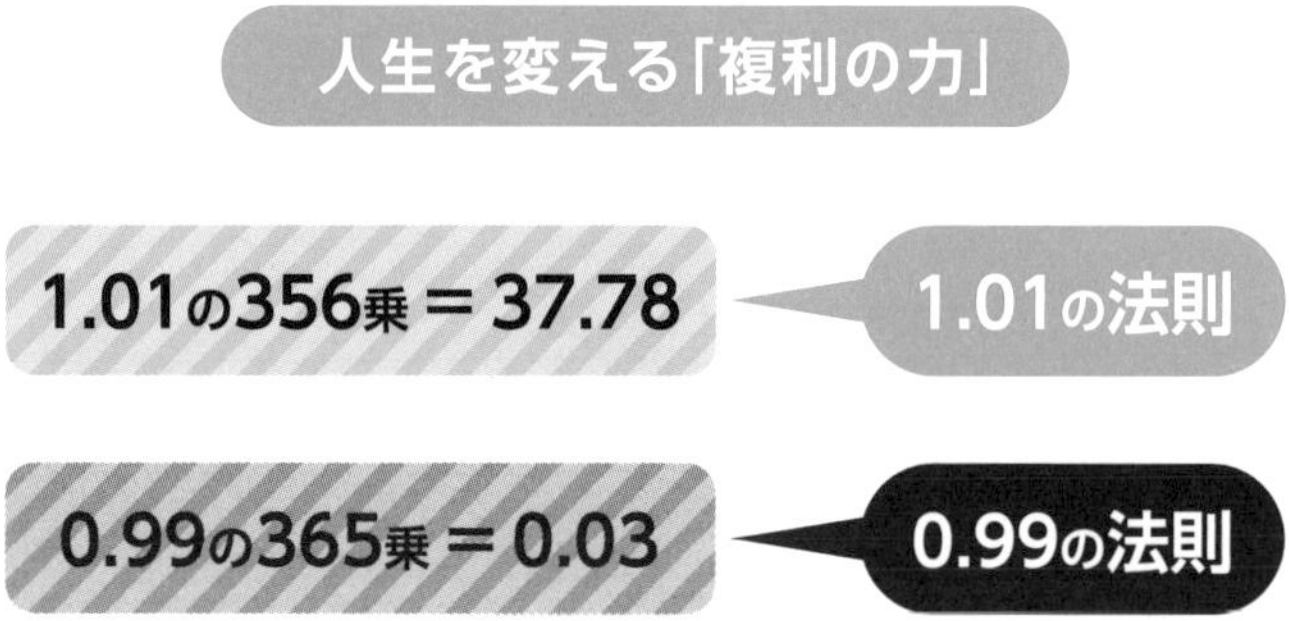

答えは「**37・78倍**」です。

細かい計算はいったん置いておいて、これが複利の力です。毎日1％努力を続けるだけで、人はケタ違いに大きく成長できる、というわけです。

マイナスの複利効果に注意

逆に、あまり知られていないのですが、「**マイナスの複利効果**」もあります。

毎日、昨日より1％ずつさぼり続けると、1年後には0・03倍まで成長が低下してしまいます。

テレビばかり見ていたりお酒に溺れたりして、大切な時間を浪費し続ける。

ギャンブルにのめり込んだり、投資詐欺でお金を失う。

これらのマイナスの複利効果は、これまで紹介した効果とは逆の働きをします。つまり、時間を追うごとに、どんどん成長力やお金を失い、健康さえも急速に目減りします。

さらに使い方を間違えると負の連鎖を引き起こすリスクもあります。

借金もその1つです。

資産運用において、複利は「雪だるま式」に資産を増大させます。その仕組みは、借金についても同じです。

借金の場合、膨らんでいくのは利益ではなく「利息」です。利息が、さらに利息を生み、どんどん借金が増えていく悪循環に陥ってしまいます。

複利の仕組みは同じでも、使い方を間違えると、破滅への近道になるわけです。そうした側面を知ったうえで、プラスの効果を引き出しましょう。

年収1億

年収1億円へのステップ㉙

あなたにとって、複利のメリットとデメリットが何に当たるかを理解する

複利の法則 02

1時間前倒し行動

――「仕掛け網漁法」で成長の資産を増やせ

このように、成長とお金も複利の原則によって支配されていることがわかると、普段の行動に対する捉え方も変わります。

良い行動はプラスの複利効果が働く一方で、悪い行動はマイナスの方向に転がってしまうということです。

では、複利効果を味方にしようとした場合、どうすればいいでしょうか。

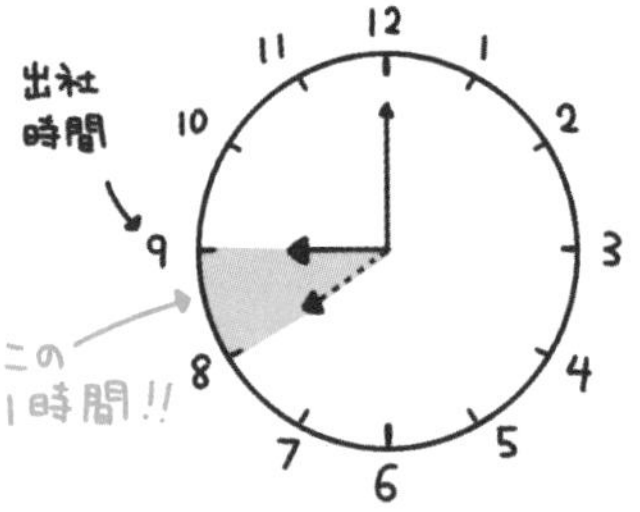

・毎日30分、目の前のビジネスに役立つ本を読む。
・朝30分早く出社して仕事の準備を終えておく。
・昼休みは一人ですませて、人生のスケジュールを見直す。毎日の行動を記録する。
・副業や起業を考えている人は、そのための準備を夕方1時間、カフェでやってから帰

宅する。

このように、**まずは小さな一歩から始めて、少しずつその量やスピードを増やしていきます。**一歩一歩の行動は小さくとも、1年も経てば、先ほど述べた複利効果で大きな差になります。

私たちが勉強したり経験から学んだことは、明日またすぐに使えるものばかりです。これらを次に活用できれば、複利的に経験を広げていけます。積み重ねた経験が、次に活かされて、より良い企画や行動のアウトプットにつながっていく。成功も失敗も、賢く活かすことでお金に変わるわけです。

このときのポイントが、**常に少しだけ前倒し気味で行動すること。**人生を先んじて行動することで、より多くの経験が手に入り、わらしべ長者のように複利の力で様々なことに活用できるようになります。そのために、できるだけ早く行動して、できるだけ早く出会い、できるだけほかの体験に価値の交換をするように心がけてください。

常に経験を先取りすることで、みずから人生をデザインしていくわけです。

脳の「自動追尾機能」を使って時間を効率化する

また、年収1億円を稼ぐ人は、とにかくタスクの効率化を目指します。1日に時間をかけられる行動には、限りがあります。そのため、効率よく目の前のタスクをこなせるようにスケジュールを組みます。

私の場合であれば、繰り返し述べてきた通り、着手まではできるだけ早めます。1秒ルールやアウトプットを早めるためのスキミングなどは、ほぼ毎日使っています。

一方で、**アイデアなど熟成が必要な場合は、しばらく放置することもあります。**たとえば、プレゼンの企画書や本の原稿の執筆も、早々とテーマを決めて、ある程度の構想を箇条書きにしたら、数週間そのまま放置します。

すぐに書き始めるよりも、脳がどんどんアンテナをめぐらせてくれるからです。

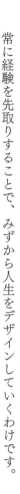

書店での何気なく読んだコラム、経営者同士の会食、日々読んでいるメディアの情報から、具材を集めてくれます。

この「脳の自動追跡機能」の便利さを知ってから、私は最大限活用するようにしています。考え方としては、仕掛け網漁に似ています。

最初にテーマを決めて、しばらく放置する。

やり方もいたってシンプルです。

年収1億円へのステップ㉚

1時間、1日、1週間前倒しで行動する

複利の法則 03

成長のビッグバン・ポイント

――人生の先駆者には「お薦めの書籍」を聞け

時間の経過とともに、その累積が、仕事や人脈などにプラスの効果を発揮して、複利効果で伸びていきます。

これは、お金の増え方も同じです。私の場合であれば、ある時点を境に、文字通り爆発的に資産が増え始めたタイミングがありました。

私が「ビッグバン・ポイント」と呼ぶそのポイントは、ちょうど生活の収支の限界点を突破したタイミングです。

これは、お金だけではありません。成長スピード、スキル、経験、人脈などは、すべてあなたの資産だと言えます。そして、資産の特性としてS字のカーブでビッグバン・ポイントの分岐点を超えていきます。

ビッグバン・ポイントは、人それぞれです。

ただ、分岐点を超えると、お金を使うスピードよりも「増えるスピード」、インプットよりも「アウトプット」、会いに行くよりも「会いに来る人」のほうが、確実に多くなります。

成長のS字カーブ

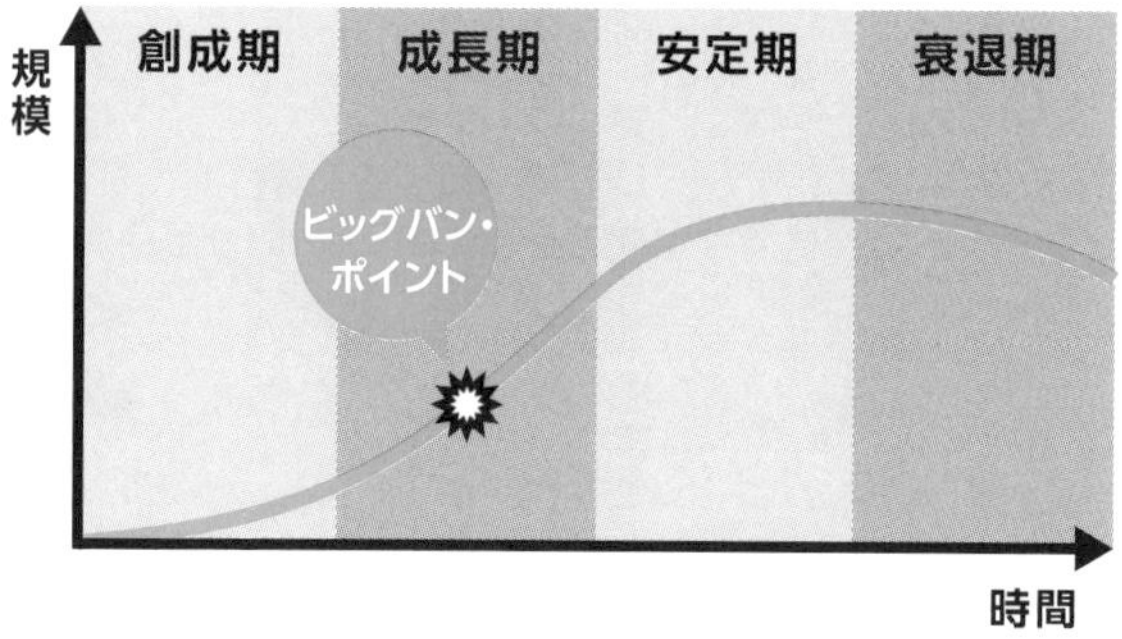

私は暇を見つけてはトレーニングをしています。

ランニングやスクワットなども、最初は10分20分すると、肩で息をしていました。それが続けるほどにラクになり、気がつくと1時間ランニングしたり、スクワット50回をラクラクこなせてしまう。

これも、あとにいくほどに成長の曲線が上がり続ける複利効果で、自分の持久力や筋力を伸ばしたからにほかなりません。

これを**成長曲線**と言ったりします。

わずかな期間でも、これだけの差が起こるわけですから、5年10年たてば途方もない差となります。

この、将来手に入る複利効果を期待して、今日の半歩、明日の1歩を、毎日確実に行動していく。そうした人が、大きな成功を手にすることができます。

元プロ野球選手のイチロー氏は、天才と言われることを嫌ったと言います。

彼ほど努力をしてきた人間はいません。その自負があるからこそ、天才のレッテルを貼られることに抵抗があるのでしょう。

どんな成功者も、見えないところで血のにじむような努力を重ねています。しかし、私たちは結果しか見ていません。もっと積み上げてきた行動にこそ目を向けるべきです。

悪い習慣を見直して、今の自分がフォーカスすべきことは何か。

どれを選択して、どこを捨てるべきか。

お金もビジネスも複利で育てていく。そんな習慣をぜひ手に入れてください。

人脈を上手に活用する

常に、自分の成長とやるべきことにフォーカスしていれば、聞くべきタイミングで上司や周囲にアドバイスを求めることができます。

人脈のメリットは、この点にあります。**成長のビッグバン・ポイントを超えて知り合う人が多くなればなるほど、問題の解決能力は高まるからです。**

それほど経験がない分野でも、周囲の専門性を持った先輩や知人から、情報やアドバイスをもらうことができます。ここぞとばかりに、知識のある人を上手に活用しましょう。

現状を話して、課題の解決にお薦めの書籍を聞くだけでもかまいません。

真偽が不明な点も多いクチコミやレビューで本を探すより、よっぽど的確に問題を解決できます。

先日も、久しぶりに知人の経営者から、「上岡さん、ランチ行かない?」と誘いを受けました。

私はすぐに、「ああ、何か壁に当たって、情報と解決策を求めているんだ」とピンときました。

私の専門分野はマーケティングや広報です。それからYoutubeの成功法、株式投資も得意な分野です。

そうした知識を、私は聞かれれば惜しみなく提供します。

いずれ、私が困ったときに、より専門性に長けた友人から教えてもらうときが来るでしょう。こうした、きれいごとだけではない、ギブアンドギブの本質を理解しておくことも、成功するための大切な要素です。

行動しながら誰かに聞いて学ぶ大切さを、成功する人は知っています。

すでに経験した人から聞いたほうが、やるべき的が絞れます。

うまくいっている人から聞きながら、軌道修正すればいいのです。

ただし、やみくもに聞いて回るのはよくありません。スピード重視ではなく、困難に直面したらその課題を解決してくれそうな人に学ぶ。自分でまず考えながら、その時々で必要な情報を集めながら、人に会う行動を続けていくわけです。

年収1億円へのステップ㉛

ヒト・モノ・カネがもれなく付いてくる「ボーナスタイム」を行動して手に入れる

複利の法則 04

仕事の断捨離
――自分の可能性は超えても、ピークは越えるな

年収1億円を手にする人というのは、好奇心が旺盛です。

いつも、何か面白いことはないかとアンテナを張っている感じです。

まずやってみて、その分野のノウハウやルールがわかると、どんどん人に任せていきます。

社員や外部スタッフなどに任せて、マネジメントや収益モデルのブラッシュアップなど、自分にしかできないことに集中していきます。

自分がすべてを抱え込んでしまったら、物理的に「できる量」は限られます。

大切なのは、必ず成功するために、みずから勤勉に働き、任せた人もきちんと仕事ができるように教えて、マネジメントしながら一緒に収入を得られる仕組みを作ること。

こうして、自分も周囲もハッピーにしていきます。

もちろん、ある程度仕事を覚えたら、辞めていく人、独立していく人もいるでしょう。ただ、それを恐れたりしても、報酬の額を大きく増やしてはいけません。

スタッフの退社や独立を恐れて、自分だけで仕事を抱え込んでしまう人は大勢います。ただ、多忙のあまり本当にやりたかったことができなかったり、過労で体調を崩しては本末転倒です。

家族とのかけがえのない時間、大切な健康管理などは、あなたに余白があってこそ実行できます。

年収2000万円で終わってしまう人の特徴

いずれチームや仕組みを作り、お金を稼がなければ、年収は億を超えません。これは真実です。ちょっとうまくいき始めても、チームや仕組みがなければ、すぐに頭打ちになります。自分一人でできることには、限界があるからです。

一見すると能力が高い人ほど、自分で抱え込む傾向があります。

ただ、自分のピークパフォーマンスまでは行けますが、その先には行けません。問題を解決するための脳のスペックも足りなくなり、疲弊が思わぬトラブルを巻き起こすようになります。

苦手なことはやらずに、他人に任せるほうがベターです。その仕分けも大切です。今の時代であれば、リスクを負って社員を雇わなくても、すでに紹介したようにパートナー同士でチームを作ることもできます。

仮にあなたの元から去っていく人がいたとしても、よりお金を増やすための、いわば成長痛なのだと考えましょう。

でなければ、年収2000万円レベルですぐに頭打ちになります。

そういう人は、もう一度、第5章をしっかり読み込んでから次に進んでください。

年収1億

年収1億円へのステップ32

自分一人でやる限界を感じたら、チームを作る

複利の法則 05

自己フィードバック型の成長マインド

――サラリーマン体質では応援されない

必ず成功する人、億を超えて稼ぐ人が持っていることの1つが「**自責思考**」です。

すべての責任を、他人に転嫁せず、今の働く職場や環境も、自分の決断がもたらしたものとして引き受ける。

そう考える人は、状況の結果に言い訳しない人です。

何かあったとしても、自分に何が足りないのかと、考えることができます。これを「自己フィードバック型の成長マインド」と私は呼んでいます。

うまくいったら周囲のおかげと感謝して、うまくいかなかったら自分のせいだと引き

受ける。

このマインドセットのメリットは、あらゆる失敗が、すべて自己成長のきっかけになることです。

自己フィードバック型の成長マインドで結果を受け入れる人は、同じ失敗をしないためにどうすればいいか、と常に考えながら行動を続けられます。

あるいは、現状を打破するために、新たなチャレンジにつなげていけます。

一方、他人や環境のせいばかりにしている人は、一見すると失敗とは無縁の人生を送っているように見えます。しかし、実際はその逆で、本来自分に向けるべき成長のエネルギーをみずから周囲に放出しているに過ぎません。

あえて言葉を選ばず言えば、これこそがサラリーマン体質だと気づくべきです。

すべての判断を他人に任せ、失っても全部他人のせいにしているうちは、サラリーマンの年収を超えることができなくて当然です。

必ず成功する人、年収1億円を手にした人で、他責思考の人は絶対にいません。

他責では、決して成功できないことを自覚しているからです。

駄目でも、次はこうしよう、と新しい学びにつなげていくことができる人です。

人生で起こることすべてが自分の責任だと認識しているから、失敗しないよう創意工夫しながら動けるわけです。

ベクトルが自分に向けば周囲の評価も変わってくる

ベクトルが自分に向くと、周囲の評価もまるで違ってきます。

日々、自分で考えて、必死に成長しようとしている人は、魅力的に感じられるものです。だから、つい応援したいと人が集まります。

会社や他人のせいにして、自分で一切考えない人が、魅力的に映ることはありませんよね。世の中の成功法則というのは、実にシンプルです。

行動ひとつ、考え方ひとつで、あなた自身の価値も劇的に変化します。物事が好転するきっかけというのは、基本的なことをきちんとメンテナンスしながら継続的にやっているときに発生します。

世界的大ベストセラーになったロバート・キヨサキ氏の『金持ち父さん貧乏父さん』。その中に何度も出てくる投資家やビジネスオーナーと、労働者層の隔たりは、この差なのだと理解してください。

投資家やビジネスオーナーとして成功する人は、間違いなく「自己フィードバックの成長マインド」を持っています。これは、億を超える年収はもちろん、株式投資や不動産で経済的自由を手に入れて、成功するためにも必須の条件です。

年収1億円へのステップ㉝

今すぐ他責をやめよう。行動のすべてが自己成長につながるというマインドで、みずから考え、みずから行動すれば、正しい判断で決断できるようになる

複利の法則 06

スキルカード3枚切り
――あなただけのオリジナリティを完成させる

年収1億円を手にする人というのは、希少性の高い人材です。

これからの時代は、ただ1つの専門性を極めるだけではいけません。

複数の経験を通じてこそ、アイデアを融合できたり、いくつもの視点から俯瞰して、最適解が見えてきたりすることがあります。

そのために、自分の会社以外にも交流の場を設け、新しいチャレンジを通じて希少性ある人材を目指しましょう。

会社に言われるままに、1つのことを完璧にこなすだけの人材になっては危険です。

経験の数を増やしてください。

いくつかの経験をしていれば、それらが3つ4つと束のように集まることで、価値が跳ね上がります。

私自身、経営する3つの事業は、それぞれ広告代理店、コンサルティングサービス、動画制作とバラバラです。

それ以外にも、本の執筆を行なったりユーチューバーとしても活動しています。

一見すると、バラバラなスキルを別方向に伸ばしているように思えるかもしれません。しかし、世の中には、広告代理店の経営者やマーケッターは無数にいます。そうしたなか、みずから情報発信して、その体系的な知識をサービスとして提供できる。そうした人材は業界でも希少です。

実際、これにより仕事も増えました。失敗を重ねながら実践してきたSNS発信や動画製作の経験が、クライアントへの問題解決に活用できます。

これからの時代、専門性はどんどん薄れていく

このように、高い年収を手にするためには、まず、できる限りあなたも希少性の高い

人材になることを目指してください。

一昔前の高度経済成長期の日本であれば、大企業に勤めさえすればリストラされる心配はありませんでした。会社に求められるまま、与えられた仕事を着実にこなせばよかったのです。

しかし、時代は変わりました。今では大企業でもリストラする時代です。また、会社を信じて、言われるままに1つの仕事を続けていても、ジョブ型雇用が一般的になれば、全く未知の職業へと一方的に配置換えされてしまうかもしれません。

自分の身は自分で守らなくてはならなくなったとき、**多くの経験や失敗を武器にして希少性のある人間になる**、ということを目指していれば、効率的に自分の価値を伸ばしていけます。

このような行動の価値観を自分にインストールして、今後のキャリアプランを考えてください。

自分の付加価値を上げるコツは、バラバラな行動や経験を組み合わせて、あなた独自のオリジナリティを作り出せるかどうかです。
成長のための学び直しというと、どこか暗く、地道で、まるで受験生のようなイメージを連想しがちです。そうではなくゲーム感覚で、スキルカードを並べて、異世界の主人公になるために希少性を高めていく。そんな躍動感ある、大人の学び直しや成長を楽しんでください。

年収1億

年収1億円へのステップ34

転職・副業などを積極的に活用して自分の稀少性を高めていく

終章

門外不出！「これ」だけインプット

――トップ1％のお金持ちが実践する「神ルール20」

ここまでで、年収1億円になるための考え方とスキル、法則をすべてお伝えしました。本書の締めくくりとして、最後に「これ」だけ押さえておけば大丈夫という「ルール」を20に分けて伝授します。

もちろん、行動し続けることが前提にはなりますが、不安になったとき、スランプのときは本章を繰り返し読むことで浮上のきっかけをつかんでください。

RULES 01

お金持ちになるための神ルール

行動し続けるバカになれ

不安を解消する唯一の方法は行動です。

インターネット出現前は、特定の人間だけが専売特許で情報を独占していました。しかし、インターネットの普及後は、誰もがあらゆる知識に、自由に、快適に、そして高速で、無料同然《ただ》でアクセスできるようになり、情報そのものに価値はなくなりました。

情報革命が起こり、一昔前であれば知識やノウハウという点において一目置かれた優秀な人材があふれています。


では、次に来るのは何か？

それこそ「**行動革命**」です。

このような時代において、差がつくのは行動以外にありません。

行動できないこと、それこそがすべての人にとってのボトルネックになります。

行動するまでのプロセスを変えることが最も重要であり、エネルギーを注ぐべきポイントなのです。


ただし行動して成功する人間は、最初は周囲から軽んじられます。

成功する人やリーダーになる人は、変わって見えるからです。


それをものともせず、人より多くのことを成し遂げたり、億を超える資産を手に入れようと思えば、誰よりも一番先に走って、行動するぐらいのバカを演じられる必要があります。

「あいつは変わってる」「バカじゃないの?」と周囲から笑われるでしょう。

でも、気にする必要はありません。行動してください。

完全に止まっている人から見れば、ガシャガシャと虫のように動き続けている人は全部バカです。

それは、ある意味で嫉妬であり、止まり続けている自分に対する恐怖心の裏返しです。

必ず成功する人の特徴をあえて1つ挙げるなら、「あいつは変わっている」と笑われてきたということでしょう。

RULES 02

お金持ちになるための神ルール

行動を止めた瞬間に老い始める

笑われても、行動をやめない。そんな人は、やがて強靭な精神力を身につけます。鋼のメンタルと言ってもいいでしょう。

動じないことで、周囲から一目置かれ始めます。

逆に、口ばかり達者で、一切行動しない人のまわりからはいつしか人や運は離れていきます。

最初は集まることが楽しくても、だんだんと変化のない日常に飽きてくるからです。また、行動力や好奇心がなくなると、人は急に老い始めることが、最先端の脳の研究でわかってきました。

人は年齢を重ねるごとに、年を取っていくわけではありません。**あらゆることに興味がなくなると、脳が退化します。すると、老いが始まります。**

新しいことに挑戦するエネルギーを生み出す必要がなくなるから、脳から全身に「よく頑張った。ここからは現状維持で行こう！」と指令が行き渡ります。すると、細胞の中のミトコンドリアがエネルギーを使わない節約モードに切り替わり、老いが始まるのです。いくら年齢が若くても、これは同じです。

挑戦に、年齢は関係ありません。いつまでも若々しくいたいなら、常に脳に好奇心という刺激を与えて、挑戦し続けましょう。

松下幸之助は「青春とは心の若さ」と言いました。

未来への可能性、燃えるような情熱、前向きな冒険心。

この3つで満たされた脳の状態を、若さと言います。行動を止めた瞬間にこれら3つは失われ、若さは老いに変わります。

03 RULES

お金持ちになるための神ルール

成功者のまるパクリからスタートしていい

ルール1で述べた通り、これからの時代は、情報そのものには価値はありません。**情報をどう使うかに価値があります。**

すでにある先駆者たちの事例をネット検索で調べて、なるべく早く、最初の一歩目を踏み出していく。

最初は成功事例や、業界内で先に始めた人たちの真似ごとでかまいません。多くの場合、そこに最初の一歩目のノウハウが詰まっています。

「3日間、ホテルにこもってでもいいからオリジナリティを生み出せ」というのは、スポーツでいうところの精神論でしかありません。

精神論を大事にするのは、個人の自由です。ですが、最先端のテクノロジーを駆使して行動している人に、今後ますます差をつけられるばかりです。

そもそも、最初から誰も気づかない領域を見つけて、オリジナリティの高い付加価値を生み出し、それらを一気にスケールさせる、ということができるのは一部の天才だけです。

そうした天才も、また最初は誰かの真似ごとからスタートしています。

その時期が、子供のときだったのか、起業していた時期だったのかの違いです。

私たちが想像するより、ずっと時期が早かっただけです。

孫正義氏やスティーブ・ジョブスのような偉大な発明家でも、それは同じです。

現実には99%の人が、最初の行動すらできずに人生を終えています。ここを突破し

なければ、オリジナリティの追求のしようがありません。

行動できる人、それらを継続のレベルに落とし込める人は、たった1%しかいません。その1%が、成功の果実をもぎ取ることができます。だったら、まずは真似でもいいから行動して、次のステージでオリジナリティの追求に頭を悩ますべきなのです。

RULES 04

お金持ちになるための神ルール

経営者のインタビューを攻略本にする

私のまわりの仕事やプライベートでお付き合いのある一流の人たちは、皆時間の無駄を嫌がります。

自分の生み出す付加価値を最大限発揮しようと思えば、最終的には1分1秒の時間の可能性を、どれだけ広げられるかが勝負になります。

それは、事業などの立ち上げも同じです。

新しくスタートするときに、自分でオリジナリティを極めようとしても、実際には似たようなビジネスやサービスがすでに誕生していて、そのプロセスが本やネット上に記録されていることがほとんどです。

「本は、人生やビジネスの攻略本だ」

これは、私が大学で講演する際、学生たちに言っている言葉です。これら攻略本を頼らずに、ゼロから自力で道を開くほど時間の無駄はありません。

情報の検索手段が限られていた時代には、1年かけて専門スクールに通ったほうが便利だったかもしれません。しかし、今はほとんどの情報がビジネス書はもちろん、ネットや動画で調べられます。

私が忙しい経営の合間に、YouTubeを始めたときも同じです。編集スキルやマーケティングの方法は、すべてネットで検索して覚えました。

新事業を立ち上げる際も、基本的には同じです。

まずは先行するライバル企業（コンテンツ）を調べて、ネット上にある創業者のインタビュー記事を、古いものからたどる。

スタート時の、それこそマンションオフィスでの苦労話、事業拡大のプロセス、現在のビジネスへたどり着いたターニングポイントなど、時系列に沿って調べると、どこが事業拡大のきっかけになったのか、どんなリスクが存在するのか、すべてを疑似体験できます。

競合する企業の経営者が本を出していたらチェックするのも忘れずに。10時間を超えるようなインタビューが凝縮されている本が多く、これほど活きた情報源はほかにありません。

RULES 05

お金持ちになるための神ルール

実践的なスキルは動画で学ぶ

ビジネス書で基礎固めを行ない、先述したネット記事や事例で最短ルートを調べたあとは、**実践的なことをYouTubeなどの動画で補強しつつ、先駆者を真似て行動を開**

始します。
スピードも効率も、そのほうが圧倒的に高まります。

どれだけ工夫を凝らしても、徒歩でジェット飛行機には勝てません。
専門的な学校やスクールに敵うはずがない。そう考える人は、もっと時代の流れに敏感になるべきです。

色々なスキルの獲得や教育さえ、今後は動画や仮想現実（メタバース）にとって代わられます。

検索という手段を使い、世界中に情報と学習の場を提供するGoogleも、それをよくわかっています。だからこそ、Youtubeに力を注いでいるわけです。

今、Googleの検索順位は私たちに気づかないスピードで、少しずつ文字などのテキストコンテンツから、Youtubeなどの動画や画像を優先するようになりました。
現に、あなたが知りたい検索ワードを、試しに検索してみてください。
トップのページに、Youtubeのお薦め動画が出てきませんか。

Googleはこのように、動画コンテンツを優先的に検索ワードで表示するように、アルゴリズムを変更し始めています。

近い将来、学びたいキーワードを検索すると、専門スクールの代わりに、動画コンテンツで画面が埋め尽くされる、といった時代が来るかもしれません。自宅にいながら、メタバースなどの仮想現実で学ぶスタイルが、当たり前になっている可能性もあります。

世界は、すでにそれが標準なのです。

RULES 06

お金持ちになるための神ルール

限りある時間を使い倒す

人生の時間は限られています。時間をうまく使うことは、私たちが成功するための最重要テーマです。

そのためには、「**時間を使い倒す**」ことです。

人生の成功は、無駄な時間をなくして、どう行動するかに集約されています。

行動に直結しない時間管理のノウハウは、役に立たないものがほとんどです。

いかに少ない時間で、大量のタスクをこなすか。

いかに早寝早起きして、規則正しく過ごすか。

これらはもちろん大事ですが、それだけで本当に成功者になれるでしょうか。年収1億円を手にすることができるでしょうか。

答えは、ノーです。

タイムマネジメントさえすれば成功する、というのは正直誤解です。

問題は、どんな人でも、それこそアメリカの大統領や世界一の富豪であっても、一日の時間は限られているということです。

日々の業務を効率化するためのライフハックを学び、タイムマネジメントのルールを手に入れるだけでは、その壁を突破することはできません。

人生の物理的な量を、増やすことはできないからです。

より多くの仕事をこなして、時間を切り売りしてお金を稼いでいるだけでは、あなたの資産の増え方は、ある一定の上限を超えることはできません。

以前より、もっと忙しくなり、ストレスが蓄積され、体調を崩してしまうかもしれません。

最も大切な、ある一点を見落としています。それは、**時間を思い通りコントロールしようとする前に、まず「最初の着地点を見つけて行動する自分を作り出す」ということです。**

時間ではなく、行動そのものに目を向けるのです。行動するために、時間をコントロールしようとするべきです。

07 RULES

お金持ちになるための神ルール

自分のために使う時間は「白紙」にする

生産性を上げれば上げるほど、あなたはどんどん忙しくなります。

私の経験上、忙しくなるだけで、お金は増えません。

小学生のときに刷り込まれた**「時間割の罠《わな》」**です。

そこから抜け出すためには、行動に着目することです。そして、行動するための時間の使い方を学びます。

もしも、人生が永遠に続くと考えるなら、どんな選択をしてもよいでしょう。

少なくとも、あなたの人生にとって、今日という日の選択はそれほど重要ではなくなります。どんな出会いも、素晴らしい風景も、感動だと思わなくなるでしょう。

時間を大切に使いたいとの欲求も、薄れていくはずです。

しかし、人生は一度きりです。限りあるものです。

あなたが何かを行動すると決めたなら、必然的に「他の重要ではない行動を捨てる」ことになります。

スケジュールで手帳を満たすために、時間割を管理するのではありません。「やるべき行動」をするために、時間をコントロールするわけです。

そのためには、時間は常に有限であることを理解し、スケジュールは全部埋めてはいけません。

起業の準備や勉強のために可処分時間を増やそうと思っている人は多いでしょう。

だから、タイムマネジメントの本はいつも人気です。書店やセミナーの定番であり、売れ筋商品です。

けれど、それだけでは、必ず成功する人、年収1億円を手にする人には絶対になれません。99%のお金持ちがやっているからです。

たとえば、5年ほど前から、**私はスケジュール手帳をマメにつけなくなりました。**

もちろん、アポイントや部下とのミーティング、大切な人との会食などは、忘れるわけにはいきません。他人との約束はGoogleカレンダーで先々まで管理しています。

どんなに記憶力のある人でも、アポイントなどのスケジュールを管理するのは必須だからです。

一方、**自分との約束ごとは、すでに決まっています。**

あとは行動して、どう結果に結びつけるか、です。

昔の私は、手帳を開いて、その日の予定を朝から夜まで埋めることに無我夢中になっていました。

ペンで色分けして、目的別にタイムスケジュールをしていました。

朝の読書はもちろん、筋トレの時間、英会話のレッスン、夜のリラックスタイムまで、とにかくパズルをつなぎ合わせるように、30分刻みで埋めることばかり考えていました。

その頃の私は、仕事とプライベートの予定が全部埋まると、脳が「快感」を覚えるようになっていたと思います。

これは、**TODOリストも同じです。**昔どこかの本で習ったように、箇条書きで、今日やるべきことを並べていきます。さらに、昨日のタスクで完了していないものは、翌日に持ち越されるルールにしていましたので、どんどんリストが増えていきます。

書き終えると、ここでも快楽を覚えます。結果を出すための行動は、一切していないのに、です。

皆さんもこのケースに当てはまらないか、ぜひ振り返ってみてください。

1日15分をスケジュール管理や確認作業に使えば、週で105分、月（30日）で450分となります。

累積すると、1か月で7時間半の時間をタイムマネジメントにロスしている計算です。

この事実に気づいた私は、いつしか朝の貴重な時間に、タイムマネジメントのためだけに手帳を開くことをやめました。

他人とのアポイント以外は、自分との約束です。やるべきことが明確であれば、朝起きたら、まず行動に移せるはずです。

本当にやりたいことがあり、確実にそれをやり遂げようという意思があれば、なおのことです。成果を出すための唯一の方法は、今すぐ行動を起こして、実行し続けることです。

少しでも時間を有効に使いたいならば、タイムマネジメントに無駄な時間を費やしてはいけません。生産性を上げる方法をあれこれ考える前に、まずは行動に着手するスピードを上げるようにしてください。

RULES 08

お金持ちになるための神ルール

未来と過去に執着しない

私の知っている年収1億円を手にした人は、今、この瞬間に集中する人です。とくに、目の前のことに集中します。

何が起こっても行動できる人は、未来が思い通りになることを求めずに、今の目の前のことに集中する人です。物事が期待通りに進むかどうかに、気をもまないことです。手帳を捨てると同時に、未来をコントロールしたいという「執着」を手放すわけです。言葉は悪いかもしれないですが、今ある問題が解決されていないのに、未来ばかり心配しても仕方がありません。

不安とは、過度に「未来」を考えることで生まれます。

後悔とは、余計に「過去」を振り返ることで生まれます。

では、どうすれば、「今」行動できるようになるのか。

まずは、**やるべきことを2つ、3つ選択してください。**行動を選ぶということは、他のことを捨てる決断も必要です。何気なくテレビを見ていた時間、ランチのあとの同僚との不平不満タイムなど、捨てるかどうかの検討をする必要があります。

そして、**選んだタスクにだけ、素早く取り組むようにしてください。**朝からやるべきことを決めていれば、次々と行動に着手できます。集中して続けていれば、手帳での管理も必要なくなります。

予定を組まないとどうしても心配になる人は、その日やるべき順番を、簡易的なメモとして書き出すのはいいでしょう。そのとき重要なのは、**❶時間をかけない、❷書き出すことを目的にしない、❸重要な行動だけ書き出す、❹明日の予定まで書かない、**この

4つです。

RULES 09

お金持ちになるための神ルール

若いうちに「学びの重要性」を知る

年収1億円を手にする人は、皆、勉強熱心です。

強制される勉強や学びほど、面白くないものはありません。大人の学び直しもそうです。

なるべく早い段階で、学びの必要性を自覚すること。そのためには「ある程度の危機感や緊張感が必要」、そうすでに本書で紹介しました。

行動すれば問題が生まれます。これも、危機感や緊張感を生み出す装置になります。問題を、逆に利用するわけです。

私はよく若手の社員たちに「もっと、緊張感を持とう」と話します。

ずっと組織にいれば安心、今のままで安泰と考える人を変えるのは、正直しんどいものです。

人生は死ぬまで勉強なのだと、若いうちから気づけると、早々に好転して、もっとラクに豊かになれます。

10 RULES

お金持ちになるための神ルール

「問題のある人生」をみずから選ぶ

成功を決める究極のカギは、行動でも学びでも、いかに「自発的モチベーション」が持てるかどうかです。

私のまわりの成功者は、誰もが自発的モチベーションを持っています。

会社に強制されると、新しく学んでも、上司に報告するだけで終わります。**学んだことを実践して、積極的にビジネスで活かすには、自発的なモチベーションまでがワンセットです。**

「どうしたらいいですか？」という問いには、「どうしたいですか？」と返すしかありません。

先に自分が学んだことを活かして行動するシナリオまで決めていないと、何も始まりません。

自発的モチベーションでしか、結果はついてこないのです。

逆に、自分発のモチベーションを手に入れた人は、目の前の小さな問題を気にしなくなります。

そもそも、問題とは、自分が取り組むべき夢や目標との「ギャップ」を指します。

取り組むべきことが何もなくなったら、問題は解消されますが、人生の面白みもなくなります。

弊社の一番古株の役員で、高野という社員がいます。今時めずらしく子供が3人いるのですが、最近、一家で東京から埼玉県のだいぶ遠いところへと引っ越しました。

そこで、驚くほど安くて広い畑をレンタルして、休日は家族で自家農園をしています。

もちろん、趣味でやっているわけですが、毎週のように、「抜いても抜いても雑草が減らん」「無農薬に挑戦したら虫にやられた」「霜がおりて、根っこから腐って駄目になった」だのと、文句を言っています。

そんな問題ばかりなら、やめればどうかと思うのですが、本人はむしろ生き生きして、楽しそうです。

自分なりに対策も考えているらしく、「寒さに強いサツマイモを始めよう」「隣の人に、無農薬に向いている野菜を教えもらおう」「霜降り対策のシートを買ったので、休日に子供たちと対策を練ろう」といった具合です。

彼には、子供たちをのびのび育てたい、という目標があります。

長い年月をかけて、その目的に取り組もうとしているからこそ、すべての問題を一度に解決するつもりがないわけです。むしろ、行動するたびに増えていく問題を楽しんでいるようにすら見える。すべて、自分が望んだ結果だからです。

まじめな人は、初めに問題をなくしてしまおうと考えます。それは、あなたが行動を停止する理由を見つけたのと同じです。

一方、年収1億円を手にする人は、一つひとつの問題に取り組みながら、必要な時間を投資して、乗り越えていくまでのプロセスを、当社の役員のように楽しめる人です。

問題がある人生を、むしろ、もっと前向きに捉えるようになりましょう。

RULES 11

お金持ちになるための神ルール

「うさぎ」ではなく「かめ」のペースで進む

問題への対処の仕方がわかったところで、もう1つ大切な話をします。

それは、年収1億円を手にする人は、小さな行動を着実に繰り返すことの重要性を、前もって知っている、ということです。

彼らは同じ努力の投下量を、毎日続けています。

同じペース配分で努力を続けたほうが、モチベーションを切らさず前に進めます。童話「うさぎとかめ」でいう、かめのペースですね。

逆に、短距離を走るように、ペース分配をいきなり速めたり、数日間ぴたりと止まってしまうと、モチベーションを維持するのに、かえってエネルギーを消耗します。

飛行機は離陸時に最も燃料を使います。逆に、一度、上空で安定した状態に入ると、燃料の消費量は1／10程度にまで激減します。

同じように、皆さんも何か行動を始めるときに、最も燃費を消費します。逆に、一定の速度で飛び続けているあいだは、意外とモチベーションは減らないものです。

私でも、本の執筆や筋トレなど一度完全に停止した後、以前と同じモチベーションに戻すのには、かなりのエネルギーを消費します。

人間には**「現状維持バイアス」**というものがあります。

人が持つ脳の特性の1つです。現状を変えたいと思いながらも、なかなか踏み出せない状況を説明するのによく使われるフレーズですが、実は良い習慣を維持する場合にも当てはまります。

一度、良い習慣を手に入れてしまえば、少しずつ続けることで、以前の状態に戻りにくくなるわけです。

たとえば毎朝、筋トレや勉強を続けていて、1日でも欠かすと、「夜に半分の量でもいいから今までのペースを維持しよう」という気持ちが働きます。

これは、良い習慣に対して、プラスの現状維持バイアスが働いているからです。

この、プラスの現状維持バイアスを手に入れるためには、1日の行動量を決めて、少量でもいいから続けることです。

歯を磨いたり、服を着替えたりするのに、モチベーションを気にする人はいません。

私はYoutubeをほぼ毎日更新しています。よく周囲から「大変そう」「無理してない？」と驚かれます。

ただ、秘密を明かすと、このペースが一番ラクなのです。たまに風邪を引いたり、出張などで更新できない日が3日ほど続くと、再びカメラの前でモチベーションを奮い立たせるのに、思った以上のパワーを必要としてしまい驚きます。

何かを達成しようとした場合、毎日少しずつ、コツコツ続けていたほうが、結局はラクに続けられます。

適切なペース配分をつかむことで、モチベーションややる気が維持できます。

エネルギーにあふれてもっとできると感じても、そうした瞬発力に頼らず、毎日の継続的な行動を優先してください。

そうすることで、行動筋（実際にはそんな筋肉はありませんが）が鍛えられて、多少の困難でも克服できるようになります。何度つまずいても、立ち上がることができるようになります。

そのほうが、結局、長期的に見れば、ずっと健全で高い生産性を発揮できるのです。

もっとも、この本を読んだあなたなら、「うさぎとかめ」のうさぎにはならないはずですね。

RULES 12 お金持ちになるための神ルール
「成功は時間差で来る」ことを知っている

億を手にする人は、成功は「時間差で手に入る」ことを知っています。

今やっている苦労も、時間差でチャンスや成果になって返ってきます。
私はこれを**「成功の時間差攻撃」**と呼んでいます。

いつも成功する人は、時間の波乗りが上手です。
逆に、最初にこれを知らないと、自己投資はもちろんビジネスや投資でお金をかけすぎて、資金がショートしてしまいます。
すぐ目の前に成功のゴールがあるのに、途中で諦めてしまいます。倒れてしまう前に、安全装置を作動させることもできません。

そうならないためには、**なるべく早い時期に、負ける経験をしておく**ことです。

絶対負けたくない。そう思う人も、ぜひ最後まで聞いてください。


すでに紹介した通り、私は20代にたくさん転んできました。

父子家庭で育ち、大学受験も失敗。社会人1年目からフリーランスの仕事をしていたわけですが、毎日のように叱られ、先輩たちから文字通り罵声ばかりを浴びせられていました。

27歳で起業した後も、何度も倒産しそうになりました。


ただ、振り返ってみると、当時多くの失敗をしたおかげで、「成功はあとからやってくる」ことを知りました。リスクに敏感になり、失敗への強い耐性ができたのは言うまでもありません。

若い頃に多く転んだ経験が、自分を成長させるエンジンに変わったわけです。


このように、ビジネスや投資をするうえでは、成功の時間差攻撃を理解して、きちんとリスクを考えてリターンを取っていかなければなりません。

このとき、**過去の失敗経験があると、それが直観という名のデータベースとなり、「今すぐ動いたほうがいい」「まだじっくり待ったほうがいい」と自分にシグナルを送ってくれるようになります。**

これは、たとえば株式投資なども同じです。

「今はまだ、多くを投資しないほうがいい」「ここはリスクを取って勝負に出るべきだ」など、過去の経験やパターーンから、直観的なひらめきが頭の中に点灯することがあります。

そうした直観が働くのは、若い頃に負けたり転んだりした数多くの経験を体が覚えているからです。

私は株式投資や不動産投資でも、多くの資産を築いてきました。とくに株式投資で成功するためのアドバイスとして、私がよく言うのが、「**大振りでなくもいい。1回でも多くバッターボックスに立て**」です。

子供は最初の木登りでは、たいてい途中から恐怖で身がすくみ、動きが止まってしまいます。初めての経験で、パニックになるからです。下から見上げたり上から見渡す景色は、公園を走り回っていた過去の経験とはまるで違うので、どうしていいかわからなくなるのです。

ただ、同じ木登りも、数回繰り返しているうちに、自分の力で高いところまで登れるようになります。

似たようなシーン、似たような失敗を、体が覚えていくからだと思います。

早いうちに小さく負けたり転んだりした経験は、あとで必ず役に立ちます。

ただ1つだけ、大切なことがあるとすれば、**負けてもいいが死んではいけない**、ということ。

かすり傷ならいくら負ってもいいが、致命傷を負ってはいけない、というわけです。

RULES 13

お金持ちになるための神ルール

ビジネスでも投資でも致命傷を負ってはいけない

多少の傷ならば、成功するための経験になることがほとんどです。

これは、前項の株式投資でも同じことが言えます。

私は日本株だけではなく、米国株、中国株、全世界株式などに資金を分散投資しています。これを、ポートフォリオを組む、と言います。

少し前に、米国の経済が非常に好調だった時期には、「なぜ米国株一択で投資をしないのですか」と、よく尋ねられました。

しかし、23歳のときから25年間、投資を続けてきた私から言えば、「なぜ、今がピークかもしれない米国株一択で投資をしているのですか？」と聞きたくなります。

私は経営者としての稼ぎとはまったく別に、株式投資だけで5億円以上の資産を築いてきました。

そうした経験を持つ私の考えは違います。

25年間の投資経験の中で、常に世界のマーケットは浮き沈みを繰り返してきました。

日本株がピークを終えて１９８９年に暴落すると、ロシアやブラジルなどの資源国がブームになり、そこが衰退すると中国株バブルになり、そこがピークアウトするとタイや韓国などの国が、さらに一巡して米国株が……といった具合です。

ポートフォリオを組むというのは、そうした投資の目まぐるしい環境で、過度に欲を出して致命傷を負わないための対応策です。

投資の世界には「山高ければ、谷深し」という格言があります。これは株式投資で絶対に覚えておかなければならない言葉です。

米国株一強が続いたら、そのぶん反動は大きくなる。そう私はそう信じています。

もちろん、未来のことは誰にもわかりません。

わからないからこそ、資産を分散させて、致命傷を負わないようリスク管理するわけです。

私のように国を分けてもよいですし、初心者の人であればピークに近づいたと思ったら、次の暴落まで現金比率を高めて、時間を分散してもよいでしょう。

毎年、大きく下がったときにだけ、じっくり時間をかけて底値を分割して投資すれば、勝率が上がることはあっても、そうそう負けが込むということはありません。

このように、ビジネスでも投資でも、致命傷を負わずに勝ちを追求することが大切です。

RULES 14

お金持ちになるための神ルール

周囲の情報に耳を傾ける

必ず成功する人、年収1億円を手にする人というのは、周囲の意見をしっかり聞く傾向があります。

イージス艦のように四方にアンテナを広げる、そんなイメージです。相手の年齢に関係なく、良い情報も悪い情報も集めます。

どんな人でも、大きく失敗するときはたいてい、周囲が見えなくなっています。あるいは、過去の成功体験にしがみつき、自分本位になっている場合が多いです。

誰にでもそういうときがあります。私にも、30代にそうした時期がありました。

ただ、**人の話に耳を傾けられないときほど、あとで大きなしっぺ返しが待っています。**

私の場合であれば、あらかじめ決めていた採用プロセスを怠ったことで、社内の雰囲気が悪くなり、社員の半分が離反してしまったことがあります。

今考えれば、とても恥ずかしい話です。

その頃は、順調に仕事が増えて、むしろ回らないほどでした。

現場の人手不足が解消できればいい、そう安易に考え想定を超える人員を採用していました。

「現場の教育担当者の負担もあります。組織もちぐはぐになっています。もっと慎重に、会社のヴィジョンに合う人を採用すべきです」

そのとき、何人かの役員が、私にそう忠告してくれました。

しかし、未経験者を一人前のコンサルタントに育ててきた自信と、会社を早く成長させたいという気の焦りから、「大丈夫。これまでのように、きちんと対応すればいい」と、耳を貸そうとしませんでした。

その後、会社の雰囲気は、役員たちの忠告通り、本当に悪くなってしまいます。会社への不満が増え、喧嘩が絶えなくなりました。

何人かの教育担当者も、心労のため退職していきました。

あのときほど、自分の無能さを、恥じたことはありません。

この経験から、周囲の情報を客観的に取り入れることを、私は積極的に行なうようになりました。

「**慢心しているときほど、耳目《じもく》を立てて、アンテナを広げろ**」です。

耳目とは周囲との密なコミュニケーションです。アンテナとは、現場の情報を五感で感じることになります。この2つのバランスがとても大切です。

今では、私は重要な決断の前には、必ず役員に相談しています。

気づきを得られれば、相手が若手の社員でも耳を傾け、感謝の言葉を述べます。

もちろん、検討ばっかりやっていても、行動が先細ってしまいます。成功の時間差攻撃の、回収ペースが遅れてしまいます。

できれば行動しながら、「耳目とアンテナ」を使い、検討と改善を続けていきましょう。

なお、すぐにアドバイスが聞ける人が周囲にいない、という人もいるかもしれません。
その場合は、**身近なネットやビジネス書で情報を補完しましょう。**
note と呼ばれるブログサイトには、私から見ても有料級のコンテンツがあふれています。
YouTube では、その道のプロ経営者やマーケッターなどが、互いに競い合うように有益な動画をアップしています。しかも、すべて無料で視聴可能。もちろん、書店で手に入れるビジネス書も有効です。

その分野の第一線で活躍する人たちのアドバイスを、なるべくたくさん見聞きして、共通したパターンを見出しながら、自分の状況に置き換えて考える習慣を身につけてください。

RULES 15

お金持ちになるための神ルール

セミナーや交流会で楽しもうとしない

インプットよりアウトプット。反省よりも行動を重視しよう。ここまで、そう話をしてきました。

これはセミナーや交流会についても同じです。

ここでは、私なりのセミナー・交流会の活用方法について紹介していきます。

厳しい言い方になりますが、**まず、セミナーや交流会に参加して、ワイワイと参加者同士で騒いでいるだけでは、あまり価値がありません。**

「何か1つでも情報を仕入れよう」「新しい行動につながる次の着手点を見つけよう」参加するのであれば、そうした意気込みが必要です。

そのために、主催者側や講師には、次の質問をしてみると良いでしょう。

どうして成功したのか?
どうやって、その行動に至ったのか?
そのプロセスを知るのに、お薦めの情報(書籍やサイト)はあるか?

あなたの行動プロセスのヒントになるよう、しっかりと聞き出します。
そのために、アフターや二次会に参加するなら、意義がある会だと言えるでしょう。

「誰の名刺を手に入れた」より「どんなヒントを手に入れたか」を重視してください。

RULES 16

お金持ちになるための神ルール

「偶然の出会い」を必然に変える

必ず成功する人、年収1億円を手に入れる人は、「偶然」を必然に変える力を持っています。

以前こんなことがありました。

日々更新する私のTwitterなどのSNSを通じて、当時22歳の一人の学生からメールをいただきました。

「学生起業をしている。悩んでいるので、一度お会いしたい」という内容です。

普段、私はスケジュールも忙しく、会うことはめったにしません。それでも、この時は❶相手が学生であること、❷すでに起業していたこと、の2点において興味を持ち、私のオフィスで1時間ほど会うことにしました。

もし読者の人が、尊敬する経営者や本の著書に会いたいと、コンタクトを取ろうとしているなら、少なくとも「すでに行動を起している」ことが必須でしょう。

行動もしていない段階では、結局、本に書かれている以上のことを、アドバイスすることはできないからです。

日本マクドナルドの創業オーナーである藤田田《でん》さんが、当時、大学生だった孫正義青年（ソフトバンク創業者）に会ったのも、彼がすでに行動を起していたからにほかなりません。

その後、藤田さんの助言を受けて、孫氏は渡米してITビジネスで起業します。

このときもそうでした。

青年の名前はあえて伏せます。彼から「起業したが、まだ仲間も数人で、何から始めていいかわからない」「大学サークル的な意識が強く、モチベーション維持が難しい」と、行動に対する悩みを打ち明けられました。

夢を熱く語る若者。彼に当時、どのような言葉を投げかけたか、詳細は覚えていません。

ただ、まぶしく感じた印象だけは心に残っています。

そして、「行動し続けることの大切さ」「仲間は信頼するが、金銭面などで信用しないこと」「最後は一人でもやる覚悟でいること」「そのために日々勉強をし続けること」など、当時の私の経験からできるアドバイスをしたと記憶しています。

それから4年ほどが経ちました。偶然にも、私は再び彼に出会いました。

といっても、実際にお会いしたわけではありません。サイバーエージェントの藤田晋《すすむ》社長がSNSにアップしたツーショット写真に、たまたま彼が映っていたのです。

なんと！　彼はサイバーエージェントから出資を受けて、とあるクラウドサービスで上場準備に入っていました。

「いつ上場してもおかしくない。今は、時期を選んでいるだけ」、SNSにはそう書かれています。

顔つきも、当時の若者から、自信と使命感に燃える経営者のそれに変わっていました。

このときほど、「みずから行動を続けることの大切さ」、そして「人間の可能性は、本当に無限大だ」と感じたことはありません。

そして、この日を境にして、私は自分の会社を株式上場する決断をしました。すでに話した、子供の教育格差と地域格差をなくす新事業です。

行動は、その通りの未来を作ります。

年収1億円を手にする人というのは、行動によって「偶然」を見つけ出し、行動によって「必然」に変えていきます。

そのプロセスすべてが、成功への軌跡になります。

努力し続けてきた成功者や富裕層ほど、現状維持をとても嫌います。それは、現状維持のままでは偶然や幸運に出会う確率は下がるものだと理解しているからです。

そのためには、安定よりも変化を求める。常に成長を求めていく姿勢こそが、非常に大切です。

RULES 17

お金持ちになるための神ルール

支出が収入を上回らないようにする

最後に、必ず成功する人や年収1億円を手にする人だけが持っている「お金の知識」について触れておきます。

彼らに共通するのは、お金に対する不安がないことです。不安にとらわれないため、

お金の貯め方、稼ぎ方、そして増やし方を知っているのです。

お金の不安から解放されれば、目の前の行動に集中できます。

そのために大事なのが、全体のバランスを管理することです。

ダイエットしようと決めたとき、まず目を向けるべきなのが体重管理です。これと同じで、収入と支出のバランスを考えて、出ていくお金を減らす、ということです。

当たり前の話ですが、どんなに稼いで収入が多くても、それと同じだけの支出があれば、結局はマイナスになります。

一方、入るお金が変わらずに出ていくお金が少なくなれば、基本的にお金は稼ぐほどに増えていきます。

つまり、年収が上がっても、それに合わせて贅沢な暮らしをするようになれば、お金の不安はなくなりません。投資に回すお金も増えません。

収入＞支出、これが資産を増やすための原理原則なのです。

お金持ちになるための神ルール

RULES 18

お金の勉強をやめない

私やあなたが生きる人生は、意外と短いものです。

とくに現役バリバリで稼げる期間というのは、20歳から60歳ぐらいの、せいぜい40年です。

人生100年時代と言われていますが、健康寿命だけを考えれば、それほど長くはありません。まして積極的にお金を使って、どんどん自己投資をし、そこからリターンを生み出そうとなれば、なおのことです。

このように、人生の中で自分がどの期間に稼いで、どれだけの自己投資をして、株や債券などの金融投資の知識を総動員して増やしていくのかどうか。そのために、どんな収支のバランスがあれば、ある程度余裕を持って行動し続けられるか。

この「**行動とリターンのキャッシュフロー**」を常に考える必要があります。

このような、行動とリターンのお金のバランスを考えるうえで、最も大切なのが、先に収入と支出の割合を決めておくことです。

極端の話、どんなにビジネスや投資で成功しても、すべてを贅沢品に使い、高層ビルの最上階で優雅な生活を続けていれば、資産はどんどん目減りするばかりで、お金の不安は解消しません。

逆にたくさん稼ぎ、計画的に自己投資して、知識や経験をもとに行動を続けて、同時に生活レベルをそれほど変えなければ、お金は貯まる一方です。

私の好きなハリウッドスターに、ニコラス・ケイジ氏がいます。

彼はヒット作にも恵まれ、1・5億ドル（日本円にして約165億円）もの資産を手に入れました。

さぞかし贅沢な暮らしをしているのか、と思いきや、先日衝撃的なニュースが世界を駆け巡りました。なんと、保有していた全資産を使い果たして、破産手続きを開始したというのです。

どんな資産家や成功者でも、貯蓄を自己投資や資産運用に回さずに、湯水のように豪奢な生活を続けていては、破産してしまいます。

今、この瞬間がリッチでも、悲惨な老後が待っているかもしれません。

そのために大切なことは、**❶収入を増やして支出を下げること、❷毎月決まった割合を自己投資に回すこと、❸行動から次のリターンを生み出すこと、❹稼いだお金で全米株式や全世界株式などの金融商品に投資をすること**、です。

世界中の富裕層が大きくお金を稼ぎながら、自己投資や金融投資により、さらに資産を倍増させています。

なお、株式投資などの貯蓄から投資のプロセスについては、本書のテーマから外れるため触れません。拙著『勝てる投資家は、「これ」しかやらない』(PHP研究所)、『一生困らないお金の強科書』(アスコム)で詳しく述べています。ぜひそちらも参考にしてみてください。

RULES 19
お金持ちになるための神ルール
働きながら、投資もする

収入を増やしたいのなら、自己投資を続けてください。

年収を増やすといっても、急激に上げるのは難しいかもしれません。

しかし、昨日より今日の成長を目指して、毎日コツコツと行動を続けていれば、すでに紹介した通り、行動の成果は複利で増えていきます。

これを、私は「**行動の未来貯金**」と呼んでいます。

毎日1％ずつ、目に見えないほどの変化でもかまいません。毎日行動し続けていれば、未来貯金が貯まり、複利の効果で伸びていきます。

もちろん、日々の改善にも、当然複利の効果が働きます。

このように、**年収1億円を手にする人は、労働集約型の収入と資産運用型の収入を同時に増やしています。**その2つの両翼エンジンでお金を増やす行動を続けているわけです。

ロバート・キヨサキ氏の『金持ち父さん貧乏父さん』が大ヒットしてから、日本人のお金に対するリテラシーも格段に上がりました。

一方で、大きなデメリットもあったと私は考えます。

それが、**労働に対する「軽視」**です。


そもそも日本人は労働意欲の高い国民です。それが戦後復興を支えて、世界有数の経済大国へと押し上げたのです。

一方、投資意欲の高まりとともに、最近は労働軽視の発言など、メディアのミスリードが増えてきているように感じます。昨今のＦＩＲＥ（早期リタイア）ブームも同じです。


しかし、私たちの生活の99％は、他人の労働によって支えられています。

本書で私が紹介してきた成功者や、堅実な富裕層のほとんどは、同時に勤勉な労働者です。現にロバート・キヨサキ氏も、『金持ち父さん貧乏父さん』を書いた後にも次々と本を書き上げています。世界中を飛び回って講演活動をしています。今では不動産投資を続けながら、新しく教育ビジネスにも進出しています。

すでに彼らにとって、労働とはある意味、多くの学びを得られる自己投資の1つであり、かけがえのない成長の源泉になっているのです。
人生から、排除する対象ではないわけです。

そして、そこで得た収入をさらに新事業や金融投資に回して、グルグルとマネーマシンを回転させてお金を増やしています。成功者が複利で資産を増やしていけるのは、この仕組みをサーカスの大車輪のように、とんでもないスピードで回しているからにほかなりません。

RULES 20

お金持ちになるための神ルール

勤労を「1億円の切符」と考える

最近では、投資家だけでなく会社員のあいだでも、早期リタイアを目指す人が増えています。ただ、これからお金を増やそうと考える人ほど、経済的な自由ばかりにフォーカスしてしまうのは、どうしてでしょうか。

それは、**労働がひどく強制的で、苦しいものと考えているからです。**

しかし、本当にお金に困らない人生を送りたければ、全体の資産の底上げをしていくことに目を向けるべきです。そのために、真のマネーマシンに目を向けなければなりません。

今、あなたが「Twitterやブログに流れているような「1日5分の作業で月10万円」「世界中を旅して暮らす経済的自由を手に入れた投資家」などといった、でたらめなキャッチコピーに心踊らされているのなら、考えを改めなくてはなりません。

詐欺にあい、大金を巻き上げられてしまうのがオチです。

本書の内容も、いっこうに頭に入ってこないでしょう。

読者の皆さんの人生の目的が、最初から「世界中を旅しながらお金を稼ぐ」であったなら、それが正解です。

しかし、本当は違うはずです。それは他人が演じているライフスタイルであり、SNS上の仮の姿です。本来あなたが望んでいた夢や目標ではないはずです。

たえず海外にいるより、目の前の実現したいことがあるならば、もっとフォーカスすべきです。そのために、汗水たらして働くことが必要ならば、そこから逃げても、現実世界で得られるものはありません。

私は新しい事業で、子どものいじめや不登校をゼロにするミッションを掲げています。そのためのビジネスを成功させ、普及させることを残りの人生でやり遂げます。そうである限り、日本を離れるわけにはいきません。労働を止めることもできません。ただ、少しも辛くありません。それが自分のお金の稼ぎ方であり、お金の使い方なのです。

労働からの解放でなく、限られた人生の時間の中での、やるべき使命に情熱を傾けたいと思っているのです。

もし、それでも会社に縛られたくない、自由な生活を送りたい。そう思うなら、今の仕事が本当に好きか、今一度、真剣に考えてみることを強くお勧めします。**自由になりたい理由は、たんに勤労から逃げているだけの可能性があります。**本当にやりたいことと、きちんと向き合うことで、間違った解釈や呪縛から、解放されるかもしれません。

本章で紹介した「20のルール」を読み返してみるとわかるように、年収1億円を手にする人というのは、目標を持って行動を続け、真のマネーマシンを手に入れて、必要なお金や時間を、かけがえのない自分という存在に投資をしていく人たちなのです。

そこから逆算して行動を積み上げていくと、5年10年で大きな結果の差になります。

今からでもまだ間に合います。本書を参考に、ぜひ行動を始めてください。

おわりに

たった1つの行動で人生は動き出す

人生とは、本当に面白いものです。たった1つの行動から、ジェットコースターのように一気に景色が変わっていきます。

世界的なパンデミックによって、以前のように教室に横一列に座って学んだり、毎日電車に揺られて出勤するスタイルは変化を遂げました。

行動シーンも、同じです。デジタルが進化して、以前のように勉強する時間と仕事をする時間の境目がなくなりました。

歩きながら、動画や音声に触れて、学ぶ人も多くなってきています。

パソコンとインターネットがあれば、自宅や地方のシェアオフィスなど自由な場所でアウトプットができます。

私は新型コロナの自粛期間中に、2つのグループ会社とは別に、新しくもう一度、ゼロから新事業のスタートアップを始めました。

その事業では社員は持たず、基本的にはすべて外部メンバーに委託しています。看護師として働く若者もいれば、地方からプロの副業人としてジョインしている人もいます。

働く時間も場所も、ノルマさえも自由に決めてもらっています。

私自身、基本は東京を中心に働いていますが、年に数回、大好きな石垣島に拠点を移して仕事をしたりしています。今でいうワーケーションです。それでも、生産性が変わることはありません。むしろ、以前より向上したかもしれません。

このように、デジタル技術や生産性を取り巻く環境が変われば、一人ひとりの可処分時間も劇的に増えます。その時間をどう使うかが、1年後の自分の付加価値や年収を決定づけます。

同時に、どの企業にいるか、どこに住んでいるかなどの、ブロックごとの壁や能力の差がなくなります。

これからは、働き方はもちろん、モノやサービスが別のかたちで提供される時代になります。その未来を形作る1つがメタバース（仮想現実）です。

あるいは、ロボットも同じです。ヒト型のロボットにこだわるより、どこの家にもあるテレビや掃除機をそのまま警備ロボットや会話もできるセンサーにしてしまったほうが、あるいは効率的かもしれません。

人々が壁や能力の限界と意識していたものが、すべて消滅しているのが今の時代です。このような社会では、成功するためのポイントも劇的に変化していきます。

それに気づき、私はいち早く行動して人生を変えようとしています。

次はあなたの番です。

ファイナンス・リテラシーだけを勉強していても、年収1億円を稼ぐことはできません。新しい学びが必要です。そのためのヒントを本書でまとめたつもりです。

ぜひ、繰り返し読んで、人生を変える一歩を踏み出すきっかけにしていただければと思います。

最後になりましたが、本書を執筆する機会をくださったPHP研究所の大隅元《げん》編集長に感謝の気持ちをしたためて、筆をおこうと思います。

令和5年元旦　上岡正明

著者略歴

上岡正明（かみおか・まさあき）

株式会社フロンティアコンサルティング代表取締役

1975年生まれ。放送作家・脚本家を経て、27歳で広報PRのコンサルティング会社を設立。20年以上にわたって200社以上の企業ブランド構築、国際観光誘致イベントなどを成功させる。また、大学院にてMBA（情報工学博士前期課程）を取得。多摩大学、成蹊大学、帝塚山大学などで客員講師等をつとめる。脳科学とヒトの行動心理に基づく研究セミナーは常に人気を博す。さらに、投資歴25年の著名投資家としても活躍しており、これまでに約6億円の資産を形成。『死ぬほど読めて忘れない高速読書』（アスコム）、『勝てる投資家は、「これ」しかやらない』（PHP研究所）、『株メンタル』（東洋経済新報社）などベストセラー多数。中国や台湾、韓国でも翻訳され累計55万部となる。約21万人（2023年1月時点）のチャンネル登録者を誇るビジネス系YouTuber（ユーチューバー）でもある。

主な所属学会は、日本社会心理学会、日本行動経済学会、一般社団法人日本心理行動分析学会、一般社団法人小児心身医学会、日本神経心理学会。

＊上岡正明のYouTubeチャンネル（ほぼ毎日更新）
https://www.youtube.com/@kamioka01

＊上岡正明の公式Twitter
（スキルハック・学ぶ力・稼ぐ力を毎朝発信中）
https://twitter.com/kamioka01

装　幀　小口翔平＋後藤司（tobufune）
イラスト　タカハラユウスケ
校　正　槇　一八
編　集　大隅　元（PHP研究所）

年収1億円になる人は、「これ」しかやらない

MBA保有の経営者が教える科学的に正しい「成功の法則」

2023年3月13日　第1版第1刷発行
2023年3月22日　第1版第2刷発行

著者　上岡正明
発行者　永田貴之
発行所　株式会社PHP研究所
東京本部　〒135-8137　江東区豊洲5-6-52
ビジネス・教養出版部　☎03-3520-9619（編集）
普及部　☎03-3520-9630（販売）
京都本部　〒601-8411　京都市南区西九条北ノ内町11
PHP INTERFACE　https://www.php.co.jp/

組版　桜井勝志
印刷所　製本所　図書印刷株式会社

ISBN 978-4-569-85417-5